나는 하느님을 보았다

생명과문학 시선 01 김준태 시집
나는 하느님을 보았다

지은이 | 김준태
펴낸이 | 김윤환
펴낸곳 | 생명과문학사
초판 1판1쇄 펴낸 날 | 1981년 12월 10일
복간 1판1쇄 펴낸 날 | 2024년 12월 10일

등록번호 | 제2014-000007호
등록일자 | 2007년 3월 30일
주소 | 경기도 시흥시 하중로 203 (3층)
대표전화 | 02-2275-3892, 031-318-3330
팩스 | 050-4471-3892, 031-318-3370
이메일 | lifepen2021@hanmail.net
출판관리 | 열린출판디자인
2024ⓒ김준태

값15,000원

· 이 책은 전부 또는 일부 내용을 재사용하려면 저자와 생명과문학의 동의를 받아야 합니다.
· 이 도서의 국립도서관 출판도서목록은 서지정보유통서비스시스템 홈페이지와 국가자료공동목록시스템에서 이용하실 수 있습니다.
· '생명과문학'은 1994년 등록되어 출판 진행된 '열린출판사' 등과 연계 됩니다.
· 이 책은 저자와의 협의에 의해 인지는 생략합니다.

ISBN 979-11-976914-4-7

생명과문학 시선
01

김준태 시집
나는 하느님을 보았다

『나는 하느님을 보았다』 다시 펴내며

 그동안 몇 출판사에서 나의 시집『나는 하느님을 보았다』를 복간해보자고 제의가 들어왔다. 그때마다 나는 그럼 그렇게 하자고 쉽게 대답할 수가 없었다. 1980년 7월 그날, 내가 뵌 하느님께 '복간을 내고 싶다'는 말을 차마 올릴 수가 없었다. 우선 내 온몸이 설레이고 온통 환희에 젖었던 그때와 달라졌기 때문일까.
 "아, 나는 하느님을 보았다!(I see Soma!)"라고 다시 말한다는 것은 두렵고 무서운 일이었다. 구약성서에서 〈모세〉는 설파하지 않았던가. "여호와 하느님을 네가 보았다면 우선 입을 다물어야 한다. 네가 만약 '하느님의 몸'(Soma, 헬라어)을 사람인 누군가에게 말한다면 그것은 우상偶像일 뿐이다. 알겠느냐! 하느님은 단지 '계시啓示'할 따름이다!" 다음은 내가 하느님을 보았을 때의 시(노래) 한 대목이다.

 1980년 7월 31일 오후 5시 / 뭉게구름 위에 앉아 계시는 / 내게 충만되어 오신 하느님을 / 나는 광주의 신안동에서 보았다 / 그런 뒤로 가슴이 터질 듯 부풀었고 / 세상 사람들 누구나가 / 좋아졌다 / 내 몸뚱이가 능금처럼 붉어지고 / 사람들이 이쁘고 / 환장하게 좋았다 / 이 숨길 수 없는 환희의 순간 / 세상 사람들 / 누구나를 보듬고 …………… 아아 나는 정말 하느님을 보았다

한마당출판사에서 『나는 하느님을 보았다』를 펴낸 지 어언 43년이 흘렀다. 서울에 계신 김윤환 시인 목사께서 올해 10월 어느 날, 광주에 내려오셔서 서로 악수를 했다. "저희 도서출판 《생명과 문학》에서 '나는 하느님을 보았다'를 복간하시게 해주시어 참으로 기쁘다"고 말씀했다. 솔직히 말씀드려서 나 또한 기뻤다. 43년 전에 광주에서 뵈신 하느님께서 내 무너져 내리는 두 어깨를 다시 주물러주시는 것 같았다.

　완전히 귀머거리가 된 베토벤이 '고향곡 제9번 : 환희의 합창' 작곡을 마치고 바로 온몸을 떨던 그 '환희의 순간'이, 내 가슴에… 갈라진 이 땅의 많은 사람들에게도 스며들어가기를 기도했다. 아, 아름다운 우리 강산에 하얀 눈이 소복소복 내리면 시집 『나는 하느님을 보았다』가 다시 두 손에 놓여질 것을 생각하니 벌써부터 가슴이 울먹여진다. 너무 벅차고 기뻐서 내 두 어깨에도 '펠리컨' 새의 하얀 날개가 돋아날 것 같다.

　감사합니다! 평화를 빕니다!

2024년 12월

김준태

두 손 모아 묵상!

김준태 제2시집
나는 하느님을 보았다

1981년 청년 시인 김준태

| 시인의 자기 말 |

　시詩는 열정이다. 사랑의 극치, 바로 그것이다. 시는 어떻게 보면 최고의 섹스이다. 시는 독자의 알몸뚱이를 부둥켜안 듯이 뿌드득뿌드득 써야 한다.
　시는 희망이다. 시는 인간성을 신뢰할 때, 더욱 희망이다. 솔직히 말해서 최근에 나는 아마도 사랑과 희망의 확신을 얻었는가 보다. 이 세상 모든 것을 사랑하며, 끙끙거리고 싶은가 보다. 아아, 머리와 가슴통에 날개가 달린 듯이 시가 빙빙 잘 써진다. 기분 좋다. 그렇다. 당분간 아니, 나는 언제고 간에 사람들을 즐겁게 해주고, 사람들의 배꼽을 간질간질하게 해줄 것이다. 나의 시를 읽으면 사람들이 대번에 웃어버리고, 대번에 생기에 가득 차버리는 그런 삶의 시, 그런 희망의 시를 쓸 것이다.
　한恨과 체념에 질질거린 눈물 타령 콧물 타령 따윈, 나에게 있어선 헌 고무신짝만큼도 못하다. 나는 앞으로 더 많은 '기분 좋은 시'를 쓸 것이다. 희망의 시를, 삶의 시를, 밥보다 더 배부른 양식糧食의 시를 쓸 것이다. 으하하하하……

『참깨를 털면서』 이후, 이번에 두 번째 시집을 엮다 보니, 생각이 고르지 못하고 내가 보기에도 못마땅한 것이 많이 끼어 있음을 알았다. 속된 말로 밥 먹고 살다 보니 그런 것일까. 앞으로는 이런 점을 잊지 않고 좋은 노래, 좋은 생각을 해가며 살까 한다. 나의 부끄러운 시들을 모아서 내주시는 도서출판 「한마당」 여러분께 감사드린다.

1981년 12월

김준태

『나는 하느님을 보았다 다시 펴내며』·················· 4
| 시인의 자기 말 | ························· 8

제1부 나는 하느님을 보았다

콩알 하나 ····························· 16
강언덕 ······························· 17
이 세상에서 사라지는 것은 하나도 없다 ······· 18
나는 하느님을 보았다 ····················· 21
달이 뜨면 그대가 그리웠다 ················· 24
밤거리 상송 ··························· 25
그대 노래 ····························· 27
종달새와 손수건도 사람 ··················· 28
기분 좋게 쓴 시 ························ 29
콩꽃 ································ 31
기분 좋은 시 ·························· 33
희망과 진실 ··························· 34
자장가 ······························· 35
여편네 자랑 ··························· 37
뭐니뭐니해도 사람이 좋아라 ················ 38
어머니 ······························· 39
바다 ································ 40
15년 ································ 41

사람 노래 ················· 42
달 ························· 43
종이 한 장 ················· 44
고향으로 달리는 차 속에서 ······ 45
추억에서 ··················· 46
노래 ······················· 48
내 이제 노래를 부르리라 ······· 49
할아버님 생각 ··············· 50

제2부
초가草歌

망치 ······················· 54
넋두리 ····················· 55
황천가黃泉歌 ················ 56
흑야黑夜 ··················· 57
벌판에 서서 ················ 58
초가草歌 ··················· 59
샛골 이별가 ················ 61
송장헤엄 ··················· 63

섬진강 ································ 64
임방울 ································ 65
기계 속에서 ·························· 66
노래여, 노래여 ····················· 68
저녁노을 ····························· 69
농사꾼은 누구와 말하고 사는가 ········ 70
비행기와 농민 ······················ 72
자기 몸뚱이를 속이지 않고 아파하는
바람 속에 깨꽃 같은 세월이 피어오른다 ······· 73
강학종 씨 ···························· 75
삼팔선 앞에서 북한 땅을 바라보는
기법, 그리고 통일을 꿈꾸는 슬픈 색주가 ······ 77
삼팔선에서 ·························· 78
우리들의 그리운 강변은 ············ 79
잠깐 쉬어 가기를 좋아하는
사람을 위하여 부르는 노래 ········ 81
바다라면, 바다여 ··················· 82

제3부 [장타령] 살풀이

  살풀이 ··· 86

제4부 [식물성 장시] 지리산 여자

  지리산 여자 ···100

제5부 보리밥

  사랑가 ···118
  애타는 앞가슴으로 ···119
  보리밥 ···120
  감꽃 ··122
  호남선 ···123
  참깨를 털면서 ···124

열 손가락 중에 하나 간혹 피를 흘린다는 일은
얼마나 즐거움인가 ················125
간지러움··························126
비가 ·······························127
눈깔사탕을 밟고 ················128
미끄러진 님아····················128
덕배································129
지리산을 넘으며 ················131
머슴 ································132
북한여자··························135
고독한 젊은이는 강하다 ·········136

해설 | 고향의 의미 | 김치수 ··················142

김준태 시인은 | 김윤환··················156

김준태 연보 ··························158

제1부

나는 하느님을 보았다

콩알 하나

누가 흘렸을까

막내딸을 찾아가는
다 쭈그러진 시골 할머니의
구멍 난 보따리에서
빠져 떨어졌을까

역전驛前 광장
아스팔트 위에
밟히며 뒹구는
파아란 콩알 하나

나는 그 엄청난 생명을 집어 들어
도회지 밖으로 나가

강 건너 밭이랑에
깊숙이 깊숙이 심어 주었다
그때 사방팔방에서
저녁 노을이 나를 바라보고 있었다.

강언덕

바람은 어디로 불어가는 걸까
찔레꽃이 넝쿨지는 강 언덕
멀리 배 젓는 소리 들려오고
소년은 오래오래 허리를 구부린다
밤마다 마을로 들어오는 나룻배 손님들이
황구黃狗를 잡아 짚불에 뻘겋게 그슬리던
아아, 그때 동산엔 달덩이가 솟아오르고
어른들은 미류나무 숲 저편으로 사라져 갔지?
배가 고파서인지 아버지가 보고 싶어선지
소년은 떨리는 주먹으로 눈물이나 닦는다
야생의 완두콩을 혀에 굴려 우물대다가
늪처럼 내려앉은 소슬대는 땅바닥에
물총새의 주둥이같은 손가락도 찔러넣다가
새까맣게 줄올 이은 개미 떼들을 본다
송장메뚜기 한 마리를 이끌고 가버리는
개미 떼들을 아득히 아득히 바라보면서
소년은 어쩌면 하느님을 부르고 있었다
아아. 밤이 또 오는 것일까
조개무덤이 씻기우는 강 언덕
퍼어런 날개 속에 폭풍을 숨긴 풀여치란 놈이
어디선가 찌찌찌 날아오르고 있었다.

이 세상에서 사라지는 것은 하나도 없다

슬퍼하지 말라
절망하지 말라
좌절하지 말라
그리고 꿀꺽꿀꺽 먹어라
그리고 파닥파닥 살아라

이 세상에서
사라지는 것은 하나도 없다
강물이 흐르고 새가 날으던
아득한 옛날부터

장미꽃에
물방울이 맺혀 구르듯
이 세상 천지 모든 것들은
그렇게 둥그러이 그렇게
완벽한 꿈으로 젖어있나니

사라진다는 것 부서진다는 것
구멍이 뚫리거나 쭈그러진다는 것
그것은 단지 우리에게서
다른 모양으로 보일 뿐

그것은 깊은 바다 속의 물고기처럼
지느러미 하나라도 잃지 않고
이 세상 구석구석을 살아가며
때로는 파아란 불꽃을 퉁긴다

오늘 슬퍼하지 말라
오늘 절망하지 말라
오늘 좌절하지 말라
펼쳐진 하늘을 바라보면서도
주룩주룩 슬퍼하는 자는
벼락을 맞아 죽으리라
하늘과 땅을 보면서도
절망하는, 좌절하는 자는
악마와 돼지가 돼버리리라

오오, 이 세상은
아이에게 젖을 빨리는
어머니와 산봉우리로 가득하고
밭고랑에 씨앗을 놓는
아버지와 봄비와 하느님으로 가득하다

오오, 하늘 아래
빈틈없이 꽃피어 있는
사람의 사람다움!
사람의 눈물과 앞가슴!
그리고 사람의 따스운 두 손!

나는 하느님을 보았다

　인간성에 대한 신뢰를 잃어서는 안된다. 인간성이란 바다와 같은 것이어서, 설령 바닷물의 한쪽이 더럽힌다 해도 그 바다 전체가 더럽혀지지는 않는 것이다. -마하트마 간디

1980년 7월 31일
저물어 가는 오후 5시
동녘 하늘 뭉게구름 위에
그 무어라고 말할 수 없이
앉아 계시는 하느님을
나는 광주의 신안동에서 보았다
몸이 아파 술을 먹지 못하고
대신 콜라로나 목을 축이면서
나는 정말 하느님을 보았다
나는 정말 하느님을 느꼈다

1980년 7월 31일 오후 5시
뭉게구름 위에 앉아 계시는
내게 충만되어 오신 하느님을
나는 광주의 신안동에서 보았다
그런 뒤로 가슴이 터질 듯 부풀었고
세상 사람들 누구나가 좋아졌다

내 몸뚱이가 능금처럼 붉어지고
사람들이 이쁘고 환장하게 좋았다
이 숨길 수 없는 환희의 순간
세상 사람들 누구나를 보듬고
첫날 밤처럼 씩씩거려 주고 싶어졌다
아아 나는 절망하지 않으련다
아아 나는 미워하거나 울어 버리거나
넋마저 놓고 헤매이지 않으련다
목숨이 붙어 있는 것이라면 피라미
한 마리라도 소중히 여기련다
아아 나는 숨을 쉬는 것이라면 무엇이든지
사람이 만든 것이라면 하찮은 물건이라도
입 맞추고 입 맞추고 또 입 맞추고 살아가리라
사랑에 천 번 만 번 미치고 열두 번 둔갑하여서
이 세상의 똥구멍까지 입 맞추리라
사랑에 어질병이 들도록 입 맞추리라
아아 나는 정말 하느님을 보았다.

사족蛇足: 나는 유신론자有神論者도 무신론자도無神論者도 아니다. 솔직히 말해서 어린 시절의 나의 할머님은 당골례(무당)를 이만저만 좋아했고 또 그것을 나에게 강요했기 때문에, 나는 기껏해야 도깨비밖에 상상 못하는 놈이다. 좌우지간에 나는, 라이너 마리아 릴케가 그의 시 '너는 기다려서는 안된다'에서 하느님의 존재를 노래한 것을 기억은 하고 있는데, 전편을 소개하면 이렇다.

신神이 와서 '나는 존재한다'고 말할 때까지 '너는 기다려서는 안된다 / 그의 힘을 스스로 밝히는 / 그러한 신이란 의미가 없다' 태초太初에서부터 너의 내면에 / 신이 바람처럼 일고 있음을 알아야 한다 / 그리하여, 너의 마음이 닳아 오르고 비밀을 지킬 때 신은 그 속에서 창조를 한다.

그런데 그것은 하느님을 설파할 때의 모세의 "I am who I am(나는 나다)"이란 말과 묘한 상응相應 내지는 동일한 뉘앙스를 이룬 것 같기는 하나, 제대로 내 따위가 알 턱이 어디 있으랴. 니체가 괴로워했던 "Gott ist tot(신은 죽었다)"란 엄청난 이야기도 뭐가 뭔지 도무지 모르고 있으며. 그렇다고 라인홀드 니이버가 니체와 상대적으로 부딪쳤던 "There is no God(신은 없다)"의 의미도 모른다. 유대인의 메시아 사상도 모른다. 그러나 나는 Soma(헬라어로서 영어로는 'The Body of Christ'라 할 수 있을까) 즉 하느님을 보아 버린 것이다. 아, 나같은 놈도 하느님을 보아 버렸으니 지화자 좋구나. 지화자 좋구나. 세상을 살아갈 참맛이 나는구나.

달이 뜨면 그대가 그리웠다

그대가 그리웠다
불 속으로 가버린 여자
그대가 천지에 가득 와서
나는 강변으로 달려갔다
가슴이 부풀어 올라
갑자기 노래를 부르고 싶었다
강변엔 갈대꽃이 흔들리고
어디선가 밤새들이 날으고 있었다
나무들이 바람과 몸을 섞을 때
정말 누군가를 입맞추고 싶었다
사람이라면 정말 누구나 보듬고
조개무덤에 부딪치는 물결처럼
그렇게 끝없이 사랑하고 싶었다
불 속으로 가버린 여자여
이마 위에 부서진 돌을 얹고
가슴 위에 노오란 꽃잎을 받으며
멀리 달과 함께 떠오르는 여자여
그대를 좇는 그리움을 참지 못해
오늘 밤 나는 다른 여자를 보듬었다
그대가 아닌 다른 여자의 몸속에
오늘 밤 나는 사랑과 평화의 씨를 뿌렸다.

밤거리 상송

세월이 흐른다
사람들이 흐른다
하늘이 깊숙이 내려와
흘러가는 사람들의
가슴을 적시는 거리
오, 슬픔의 거리

아픔의 거리 꿈의 거리
혹은 손잡고 춤추는 거리
흘러가는 사람들의 눈물이
물고기처럼 퍼덕이는 거리

옛날은 잊혀져 가도
넘치는 술잔 넘치는 사랑
무덤보다 더 깊은 고독
무덤보다 더 깊은 추억
무덤보다 더 깊은 거리

세월이 흐른다
노래만이 남는다
밤이면 불꺼진 밤마다

하느님도 몰래 찾아와서
사람처럼 울고 가는 거리

오, 희망의 거리
이별의 거리 만남의 거리
꽃의 거리 신神들의 거리
항구와 돛의 거리
눈을 감으면 파도 넘쳐
갈매기가 날으는 거리

세월이 흐른다
아이들이 태어난다
무심코 스치는 쓰레기통마저
사람으로 연인으로 보이는
거리 해와 달의 거리

노래여 꿈이여
하늘이라면 푸르른 하늘이
흘러가는 사람들의
가슴을 적시는 거리여……

그대 노래

산이 막혀 못 오시나요
물이 막혀 못 오시나요
찔레꽃 넝쿨 헝클어진 그대여
넘치는 물보래 가슴 그대여
이젠 저들을 기다리지 말자
이젠 저들을 꿈꾸지 말자
이젠 저들을 노래하지 말자
이젠 저들의 밥을 먹지 말자
이젠 저들을 그리워하지 말자
찔레꽃 넝쿨 헝클어진 그대여
넘치는 물보라 가슴 그대여
이젠 우리가 바로 기다림
이젠 우리가 바로 찬란한 꿈
이젠 우리가 바로 새벽과 희망
이젠 우리가 바로 우리의 밥
이젠 우리가 바로 우리의 그리움
아아 산이 막혀도 굽이굽이 오시는구려
아아 물이 막혀도 철썩철썩 오시는구려
찔레꽃 넝쿨 헝클어진 그대여
넘치는 물보라 가슴 그대여.

종달새와 손수건도 사람

사람이 끓인 것은 된장국도 사람입니다
사람이 만든 것은 걸레와 빗자루도 사람입니다
사람의 눈에 보이는 것은 종달새와 손수건도 사람입니다
살아있는 것이나 죽어있는 것이나 산천초목 우주 만물
이 세상의 모든 것들은 사람입니다
살아있는 것이나 죽어있는 것이나 이 세상의
모든 것들은 희망입니다 희망입니다!

기분 좋게 쓴 시

날마다 나는
너무 몸이 아프고
너무 엉망진창으로 피곤해서
죽고 싶은 생각뿐이지만
간장 위장 콩팥병에
열두 시간 노동이어서
쓰고 싶은 연애시戀愛詩도 못 쓰고
그저 칵 죽고 싶은 생각만으로
마누라도 몰래 끙끙거리지만

연탄재만 굴러다니는 골목길
흙 한 주먹도 없는 골목길에서
그래도 무엇이 그렇게 재미있고 재미있는지
부서진 싸구려 장난감 총을 들고
빵빵빵 소리치며 놀고 있는
내 어린 두 아들 녀석을 보면

아, 정말 살고 싶은 생각 노적봉이다
앞가슴 속가슴은 바람구멍 세월 구멍뿐이지만
내 죽고 못 살게 귀여운 아들녀석들에게
먹을 것 다 냠냠 먹여주고

입을 것 다 다숩게 입혀주면서
헤라클레스처럼 씨름선수처럼 건강하게
정말 기분 좋게 살고 싶어져서
오늘도 나는 하는 일이 모두 즐거움뿐이다.

콩꽃

아들아
이제 우리는
감격할 줄 알자
여울을 건너
산꿩이 날으는
밭두렁에 서면

저러이 너울거리는
콩꽃을 보려므나
불어오는 바람결에
흐드러지게 흐드러지게
얼굴을 열어가는 콩꽃

아들아
이제 우리는
감격할 줄 알자
번개처럼 흐르는
세월 속에서도
자기들의 작은 모습도
잃지 않고 끝끝내 간직하는
몇 마지기 콩꽃 앞에서

세상은 쌀붕어처럼
싱싱하구나 산도 물도
구름도 아까웁도록 아름다워
얼씨구 절씨구 살맛이 생겨

아들아
이제 우리는
이 세상 모든 것이
어여쁘고 소중하고 경건함을
쬐끔은 설레이며 알아야 하리라.

기분 좋은 시

도라지 도라지 백도라지
심심산천에 백도라지야
니가 잘나 백도라지냐
내가 못나 백도라지냐

내 새끼는 어째서 그런지
똥구멍을 빨아도 냄새가 안 나더라
자식새끼 가져 본 녀석들은 모두 그러겠지만
나는 틈만 생기면 내 새끼의 엉덩이와
똥구멍을 빨며 좋아 어쩔 줄 모른다

도라지 도라지 백도라지
심심산천에 백도라지야
이제 남의 새끼 똥구멍을 빨아도
냄새가 안 날 것 같으니

좌우지간 나도 눈이 제대로 트이는가 보다
좌우지간 나도 콧구멍이 제대로 벌룽벌룽
열리는가 보다
오, 하느님! 고맙고 고맙습니다.

희망과 진실

  그냥 빈 조개껍질 속에 버린 진실은 힘이 없습니다
  개동백의 빨간 열매가 몇 번이고 떨어져 내려도
  갈매기가 날아가는 이 강변에서 힘이 없을 뿐입니다
  우리가 진실을 믿으며, 그리하여 우리가 싱싱하게 진실을
사랑의 굳센 두 팔로 보듬어 올릴 때
  오오, 그렇습니다 진실은 참나무보다 더 단단하게
  우리의 끝없는 황량한 가슴을 지켜줍니다
  우리가 결코 진실을 배반하지 않을 때
  진실은 비로소―우리의 몸과 마음의 곳곳에서
  희망의 나라로 돛을 펼치고 달립니다
  오오, 진실이여! 희망의 나라 진실이여!

자장가

아가야
우리 아가야
지금은 잠들지 말아라
얼음과자 아이스케이크를 먹고
세월 모르고 잠든 아가야
지금은 아빠의 이마를 부벼 보아라
네 발 뻗고 울어도 좋으니
놀다가 기어가다가 뛰어다니다가
아빠의 코를 잡아다녀도 좋으니
아가야 풀여치처럼 새근거리는 아가야

지금은 뜰에 나가
사람 같은 꽃잎을 보자
사람의 마음을 빼앗아
더욱 어여뻐지는 꽃잎들을 보면서
호박넝쿨 어우러진 콩밭머리에
아빠와 나란히 오르자꾸나

그리하여 아가야
우리의 희망인 아가야
강가에서 불어오는 실바람을 향하여

쌀붕어 비늘처럼 노래하는
쬐그마한 풀잎사귀들……
아가야 우리는 그런 살아있는 것들과
조금씩 조금씩 숨결을 나누면서
파아랗게 숨결을 섞어가면서
하늘로 다가서자꾸나.

여편네 자랑

여편네 자랑하는 놈을 가리켜
뭐라드라, 병신 중에서도 상병신이라지만
어디 그러나 슬슬 내 여편네 자랑 한번 해 볼까
아이를 낳는 아녀자들에겐 오리의 생피가 좋다 하여
식칼로 오리의 모가지를 싹둑 잘라내고설라무니
사기대접에 고걸 즉각 받아 손수 까스명수를 타서
(어서 마시랑께! 어서 마시랑께! 몸에 굉장히 좋다구 그래!)
단숨에 꿀적 삼키라고 남편 사랑 좀 섞어 재촉을 했더니
여편네는 무슨 생각이 났는지 외마디 비명을 지르고
대문 밖으로 혼비백산 후다닥 도망을 치더이다
오, 하늘에 계시고 땅에 계시고 심지어
눈깔사탕에도 붙어계시는 하느님 아버지! 꿔다 놓은 보릿자루 같은 이놈의 여편네도 이런 때는 꽉 꼬집고 싶도록 이쁘고 사람답지요?
히, 히, 히, 히, 히, 히 , 히 , 히, 히, 히, 히, 힛

뭐니뭐니해도 사람이 좋아라

좋아라
빽빽한 시내버스 속이
이다지도 좋을 수 있으랴
가난한 마음들이 서로
옷을 부비며 살갗을 부비며
이리 밀리고 저리 밀리는
늦여름 시내버스 속은
좋고도 정말 좋아라
땀냄새를 섞으며 함께 흔들리는
때론 하느님을 서로 나누어 갖는
한 시대의 슬픈 살덩이들
정말로 아름답고 좋아라
정말로 소중하고 소중하여라
손잡이 하나에 몇 명씩 매달려도
이웃의 발등을 쬐끔이라도 밟지 않으려고
벌컥벌컥 숨을 쉬는 사람들……
내 이대로 돌이 되어도
백 년 만년 바라보고 싶어라.

어머니

어머니는
죽어서도
자식에게 젖꼭지를 물린다
산이라면 산을 넘어
강이라면 강을 건너
아, 우리들의 어머니!

바다

바다에는 아무도 없네
짐승처럼 떠 있는 섬들과
몇 방울의 갈매기 피
바다에는 다만 파도만이 있어라.

15년

도시에서
15년을 살다 보니
달팽이
청개구리
딱정벌레
풀여치
이런 조그만, 아주 조그마한 것들까지
사람으로 보여와서
날마다 나는
손톱을 매만져 댄다
어느 날 문득
나도 모르게
혹은 무심하게
이런 조그만 것들을
짓눌러 죽여버릴까 봐
날마다 나는
손톱을 깎으며
더욱 사람이 되자
더욱 더욱 사람이 되자
몇 번이고 마음속으로 외친다
오, 파랑새여 파랑새여…….

사람 노래

좋고 좋고 또 좋은 게 있다손
사람보다 더 좋은 것이
이 세상에 어디 있으랴
장미꽃이 아름답고 백합꽃이 아름답다손
사람보다 더 기막히게 아름다운 것이
이 세상 천지에 어디 있으랴
헤어지면 그리웁고 만나보면 시들해도
믿지 못할 게 사람 마음이라 해도
기계여 기계여 기계여 기계여
좋고 좋고 또 좋은 게 있다손
눈물과 가슴과 노래를 간직한
사람보다 더 좋고 더 환장할 것이
이 세상에 어디 있으랴.

달

달나라에는 죽은 사람들이 살고 있습니다
그래서 달은 밝습니다.

종이 한 장

길을 가다
다리가 너무 아파서
고개를 푹 수그리고
땅바닥을 내려다보니
누가 버렸는지 모르지만
종이 한 장이 바람에 젖어 있었다
나는 그것이 사람처럼
아, 문득 사람처럼 느껴져
구겨버리지도 않고
그렇다고 쓰레기통에 넣어 버리지도 않고
밤이 올 때까지
오래오래 어루만져 보았다
꿈이여, 인간의 꿈이여!

고향으로 달리는 차 속에서

우리는 껌을 씹으면서
롯데껌이나 해태껌을 씹으면서
쓰디쓴 지난 날을 잊어버린다
별로 달지도 않은
그렇다고 오래도록 달지도 않은
단맛이 빠진 고무를 씹으면서
쓰라렸던 지난 시절을 잊으려 한다
놀라웁도록 빨리빨리 잊으면서
그러나 고향으로 달리는 차 속에서
우리는 문득, 몸서리치며 바라본다
공동산 언덕 위에 날으는 도깨비불들을
도깨비불들의 소리 없는 비명과 아우성을!

추억에서

광주에서
남쪽으로 삼백리
내 고향 해남

겨울밤
막차로 간다
(할아버지야
할머니야
전쟁통에 자식 잃고
지금은
어디로
어디로 가셨나)

파랑새를 날리듯
가슴 속으로 외치면
달리는 차창에
밀려와 번지는
마을마다의 불빛

아, 나도 모르게
눈물이 흐르고

세월이 흐르고

어두운 차창 밖으로
끝없이 끝없이
손을 흔들고 싶었다.

노래

나무를 바라보고
살아간다는 일은 좋아라
꽃을, 그리고 새들을 바라보며
산다는 일은 아주 좋아라
그리고 바다, 항구, 돛, 갈매기를 바라보며
노래하며, 꿈꾸며 살아가는 일은 좋고 좋아라
오 그러나 캄캄한 벌판 멀리에서
사람과 함께 이마를 마주대고
살아가는 일이 더 더욱 좋아라
만고강산 어절씨구 좋으나니
꿈이여, 인간과 인간은 영원하다
인간의 육체와 죽음 또한
영원히 살아 움직이는구나.

내 이제 노래를 부르리라

강 건너 마을에
그대 아름다운 여인이 살고 있어
꼭 언젠가는 찾아올 것만 같아
내 파도처럼 노래를 부르네

쏟아지는 밤비 속으로
악몽처럼 기차가 달려가고
불붙은 호랑이처럼 그렇게
밤 11시의 기차는 달려가고
흐느낌과 아우성이 뒤범이되어 달려가고

그러나 나는 창가에 서서
기타를 퉁기며 노래하네
강 건너 미루나무숲 가시밭에
맨발의 사랑과 평화의 여인이여

강 건너 마을에
그대 아름다운 꿈과 희망이
꼭 언젠가는 찾아올 것만 같아
내 파도처럼 노래를 부르네
내 파도처럼 노래를 부르네.

할아버님 생각

해남이라 동백꽃 내 고향
황소마저 팔아버린 마굿간
비좁은 둥근 양철그릇 안에
할아버님을 앞혀드려 놓고
옛날 같은 뒷등을 밀어주었네
옛날 같은 앞가슴도 밀어주었네

너무 늙으셔서 너무 늙으셔서
당신 몸의 허연 배꼽때기도
스스론 닦아내지 못하시는
할아버님을 앞혀드려 놓고
옛날 같은 뒷등을 밀어주었네
옛날 같은 앞가슴도 밀어주었네

너무 늙으셔서 너무 늙으셔서
당신 몸의 허연 배꼽때기도
스스론 닦아내지 못하시는
할아버님의 뒷등을 밀어주면서
홍두깨로 휘감아 방망이로 두드린
무명베 바지 적삼을 여며 입고
한세월 지게 밑에 살아오신

할아버님의 뒷등을 밀어주면서

하늘 멀리에서 바다 멀리에서
눈이 오는 소리를 들었네
옛 시절 감나무에도 펑펑 쏟아지는
일월의 눈송이여 눈송이들이여
허기진 뱃속을 쑥과 바다풀로 채우면서
일본놈의 공출 가마니를 짊어지고
밤새도록 산을 넘고 산을 넘으신
동백꽃 내 고향 할아버님!

금방 헐어질 것 같은 할아버님의
쓰라린 뒷등을 밀어주면서
왠지 나는 울음을 내비쳤지만
벅차오르는 눈물을 참지 못했지만
그러나 나는 할아버님의 뒷등이
온통 흙으로 응어리져 있음을
내 일자무식一字無識의 슬픔 속에서
너무도 뚜렷하게 보았네.

제2부

초가草歌

망치

밤마다 나는
망치를 품에 안고
잠을 자야 합니다
그 어떤 악독한 놈이
나의 망치를 훔쳐가
누군가의 뒤통수를 후려치며
이 세상을 때려눕힐 것 같기에
밤마다 나는
망치를 꼬옥 쥐고
깊이 보듬고 잡니다
철조망 안에 피어난 꽃숭어리여
철조망 안에 피어난 꽃숭어리여
내 울음의 한복판에
해바라기처럼 흔들리는
오오 나의 망치
나의 서러운 망치
밤마다 나는
폭력주의자들에게
망치를 빼앗기지 않으려고
잠꼬대를 계속합니다.

넋두리

아가야 아가야
우리 아가야
고무풍선도 예쁜 인형도 마다하고
장난감총을 사주라고 엉엉 우는 아가야
장난감총을 사주면 장난감총으로
이 애비도 빵빵 쏴 죽일 줄 아는 아가야

눈이 내린다
눈이 내린다
지금은 눈이 내리고
이 애비는 오줌이 마렵다
오줌이, 오줌이, 오줌이 마려워서
너의 장난감총 앞에서
두 손을 들 겨를이 없단다.

황천가黃泉歌

님아 썩어 문드러지기 전에
가거라 문둥이처럼 가거라
내 아들이 죽어 백합꽃이 되어
언덕에 하늘에 지옥에 피어난들
뒤도 돌아보지 말고 쉬이 가거라
그대 먹칠 당한 눈에 혓바닥에
저 흐르는 시퍼런 강물 위에
한 많은 입맞춤으로 깊이 미쳐서
천번 만번을 미쳐 울면서
밤이 오기 전에 어서 가거라
넘실대는 그대 가슴 속으로 돌아가거라.

흑야黑夜

멀리 불빛 하나 깜박이는
들판 끝에서—
이 밤 누가 어디로 가고 있다
홀로 살아가고,
홀로 웃고, 홀로 죽기 위해서가 아닌 듯
이 깊은 밤, 어디를 찾아가고 있다
사람이 보이면 엉엉 소리칠 듯한 얼굴로
사람을 만나면 와락 보듬어버릴 듯한 발걸음으로
어딘가로 가고 있는 소리 없는 뜨거움 하나
필연 함께 가고 싶어서
만나는 사람 행여 있으면 함께 걸어가고 싶어서
이 깊은 밤 누가 어디로 가고 있나 보다
저렇듯 신들려서 가고 있나 보다.

벌판에 서서

나는 울고 싶을 때 한복을 입는다
나는 소리치고 싶을 때 한복을 입는다
달빛이 아프게 아프게 쏟아지는 벌판
나는 일어서고 싶을 때 한복을 입는다
참쑥 냄새 응어리진 언덕을 넘어 넘어
그리하여 다시 바다에 가고 싶을 때
신라 고구려 백제 사람들 창칼의
피를 씻어내는 마음으로 한복을 입는다
오, 한없이 한없이 노래를 부르고 싶을 때
나는 아버지 같은 한복을 입는다.

초가草歌
　- 개똥·배꼽·의자·볼펜·울음소리

우리 고향 사람들은 지금도
어린아이들이 미친개에 물리면
그놈의 개똥을 찾아서 발라 주곤 하지요
미친개에게 물린 곳은
미친개의 똥이 더없이 좋은
약藥이라고 그러는 모양이에요
그래서 요즘 나도 써 놓은 시詩마다
미친개의 똥을 빈틈없이 발라 주지요

남들은 내 배꼽이 잘 생겼다고 말하지만
사실 내 배꼽은 바보 머저리에요
머리가 아프고 뱃속이 설사를 해도
아픈 내가 헛소리를 내지르며
식은땀을 후줄근히 쏟을 때도
내 배꼽은 소리 없이 히히 웃고만 있어요
언제나 꼬옥 숨어서 웃고만 있는데
흥! 내 배꼽은 과연 잘생긴 놈일까

나는 의자를 싫어합니다
내 뜨거운 이마와 이야기를 하지 않고
항상 궁둥이 하고만 입맞추니까요

항상 궁둥이하고만 속삭거리니까요
나는 볼펜 역시 싫어합니다
속으론 닳아지면서 겉으론 멀쩡하니까요
그래서 나는 글 쓰는 것이라면
누가 버린 몽당연필이라도 좋아합니다

그대는 밤에 내리는 빗소리를 들었습니까
밤에 청승맞게 우는 사람의 울음소리를 들은 적이 있습니까
만일 밤에 그런 소리를 한 번이라도 들은 적이 없다면
그대는 아마 짐승이 아니면 악마일 것입니다.

샛골 이별가

잘 가거라
경상도 마산 땅으로 돈 벌러 떠나간
전라도 샛골 열여섯 살 복순아
가발 공장으로 와이셔츠 공장으로
아주 신들려서 떠나가 버린 복순아
치마끈을 졸라서 중학교를 보냈더니
시집갈 밑돈이나 장만해 본다고
많지도 않은 식구들 속에서 밥그릇이나 줄여 주겠다고
밤중에 에미애비 몰래 도망쳐버린 복순아
단추 공장을 여차여차 뚫고 들어가든
이쑤시개 공장을 용케 비집고 찾아가든
행여나 밥 먹듯이 굶지를 말아라
행여나 톱니바퀴에 물려들지 말아라
행여 쓰러지지 말고 행여 처녀병신이 되지 말아라
사지가 멀쩡한 낮도깨비들에게 홀리지 말아라
그리고 언제나 콧노래라도 불러 보거라
장다리꽃 노오란 밭언덕을 노래하며 일하거라
쑥잎을 뜯어 먹으면서도 하늘을 속이지 않았던
보릿고개 삼 년 고개 열두 고개 고향 사람들을
남의 논밭이나 붙여먹고 살아온 꿀먹이들을
바보라고 머저리라고만 투덜대진 말아라

사람이 산다는 것은 하늘과 가까워지기 위해 사는 것!
경상도 마산 땅으로 돈 벌러 떠나간
전라도 샛골 열여섯 살 복순아
팔월이라 대보름날 고향을 찾아오더래도
그놈의 소주병은 사 들고 오지 말아라
정 섭섭하거든 정 섭섭하거든
농사를 마치고 산모롱이처럼 허물어져
바깥나들이도 못 하는 너의 늙어빠진 아버지에게
큼직한 요강이나 사다 주어라
큼직한 요강이나 사다 주어라.

송장헤엄

송장헤엄을 아십니까
누워서 등가죽으로 첨벙거리는
전신全身을 거꾸로 눕혀 퍼덕대는
이 기막힌 송장헤엄을 생각해 보셨습니까
부글거리는 강물을 보지 않으려고
아예 흐르는 세상을 보지 않으려고
물을 베게 삼아 하늘을 보며
첨벙첨벙 떠나가는 벌거숭이 송장!
장군이야 하면 멍군도 받지 않고
쓰라린 등가죽으로 끝도 없이
게거품도 없이 몸부림도 없이
물결쳐 사라지는 사내들을 보세요
먼 하늘의 붉은 저녁노을이
눈시울에 늑대의 혓바닥으로 떨어질 때
그때도 가슴팍으로는 헤엄치지 않고
등가죽으로 멀어져 가는 벌거숭이 송장!
강변의 갈대밭마다 숨어든 땅귀신이
마을의 돼지들을 훔쳐다 잡아먹을 때
오늘 또 누가 송장헤엄을 배웁니까
송장헤엄을 서로서로 배우려고
이무기가 살아있는 강물로 뛰어듭니까?

섬진강

섬진강은 어디로 쫓겨가나
섬진강은 어디로 쫓겨가나
저 벌판에 수숫모가지는 꺾이고
쑥대머리마저 눈을 감은 지금
물 깊은 곳에 하늘을 숨겨놓고
물 깊은 곳에 뜬구름을 남겨두고
허물어진 강변의 여기저기에다
죄 없는 갈대들만 울려놓고서
아, 섬진강은 어디로 쫓겨가나
어둠은 어둠만을 부르며 몰려다니고
풀꽃은 풀꽃만을 부르며 쓰러질 때
새들은 저희의 서러움에 겨워
홀로 홀로 울며 날아가 버릴 때
시퍼렇게 멍든 얼굴을 흔들며
또 어느 곳에다 섬진강을 이루려나
쏟아지는 저녁노을로나 가슴을 채우며
만산천홍萬山天紅의 뻑뻑한 아픔으로
또 어느 곳에다 강물을 이루려나,

임방울

천 겹으로 목이 쉬어도
입에서, 가슴에서, 넋에서
응어리지고 응어리진 피를 토해도
님 향한 일편단심 쑥대머리가 되어도
흐르는 강물은 다만 흘러가버려도
달도 마을도 바라봄이 없이
오오 그대 흙구덩이 수렁에 빠져도
녹수청산綠水靑山 산울림처럼
녹수청산綠水靑山 산울림처럼
노래하고 노래하는구나
노래하고 또 피를 토하는구나.

기계 속에서

보리꽃이 피면 가겠네
살구꽃이 피면 고향이여 가겠네
칼날 같은 기계 속에 팔려온 목숨이어도
노을의 저 불타는 입술에 속살을 부비고
억새풀 굳센 바람으로 가서 춤추겠네
메말라 터진 살덩이를 적시겠네

돌아간다는 것은 어쩌면 새로운 출발
고향이여 지금은 당당하게 돌아가겠네
썩은 고목 속에 집 짓는 검은 박쥐들을 쫓아내며
언덕마다 나무마다 흐르는 강물마다 가슴을 헹구며
산꿩이 푸드득 청천靑天하늘로 날아오르듯
황톳길 들녘에서 다시 태어나겠네

앞산 뒷산에서 늑대가 울던 날 밤
연두콩알 같은 눈물이 나 떨어뜨리고
말없이 이끌려 하룻밤에 멀리 죽어갔던
짚신이여 나막신이여 들기러기 떼여
뻘겋게 부서지는 흙덩이를 뒤에 두고
아아 원통하게 사라진 뜨거운 앞모습이여

천번을 돌아선들 오로지 하늘과 바람으로 씻겨지는 고향
산천이여
　보리꽃이 피면 풋풋한 보리꽃에 묻혀서
　살구꽃이 피면 연분홍 살구꽃에 묻혀서
　한 많은 오천년을 흙덩이로 울겠네
　그 울음으로 다시 논밭을 가꾸고
　그 울음으로 다시 들불을 이루겠네.

노래여, 노래여

물 한 모금씩 마시고
먼 들판을 바라본다
익으면 익을수록 어찌하여
더욱 모가지를 치켜드는
선 너머 산 너머 보리밭이여
물 한 모금씩 마신 가슴으로
먼 들판을 달려가다가
어디서 후루룩 날아오르는
메추라기 떼의 울음소리를 듣다가
아아, 우리는 강물이었어라
그 어떤 칼날로도 벨 수 없는
멀리멀리 강물이었어라.

저녁노을

꽃들은
피를 흘리지 않아도
향기며 아름다움을 피우지만,
아
싸우는 사람을 보아라
온몸에
붉은 칼날을 받으며
한 사람이
서쪽으로 뛰어간다
썩어 문드러진
밤이 밀리기 전에
대갈통마저
식은 밥덩이로 굳어버리기 전에
초목草木들마저
어둠에 섞어지기 전에
한 사람이
타는 오장육부를 북북 문지른다
절벽처럼 내려앉은 하늘에
온몸을 찍어 넣는다
그 아픔으로
아름다움을 간직하려고
깨끗함을 널리 물들이려고!

농사꾼은 누구와 말하고 사는가

농사꾼은 누구와 말하고 사는가
농사꾼은 누구와 말하고 사는가
사는 일이 답답하고 억울할 때
농사꾼은 누구와 말하고 사는가

붉은 달이 떠오른다
산 너머 기계 속에서
쏟아질 듯 떠오르는 붉은 달
붉은 달은 마을을 내리덮어
더욱 허리가 구부러진 농사꾼

농사꾼은 누구와 말하고 사는가
농사꾼은 누구와 말하고 사는가
사는 일이 캄캄하고 쓰라릴 때
농사꾼은 누구와 말하고 사는가

농사꾼은 자기의 상처와 말한다
상처에 고여있는 피고름과 말한다
붉은 달은 마을을 내리덮어
더욱 허리가 구부러진 농사꾼

농사꾼은 누구와 말하고 사는가
농사꾼은 누구와 말하고 사는가
사는 일이 캄캄하고 쓰라릴 때
농사꾼은 누구와 말하고 사는가

농사꾼은 자기의 상처와 말한다
상처에 고여있는 피고름과 말한다
아무도 대화를 나누어 주지 않을 때
일에 골병들어 쭈그러질 대로 쭈그러진
자기의 몸뚱이와 말하며 사는가.

비행기와 농민

하늘의 비행기는 몰라
구름 속의 비행기는 몰라
농민農民을 정말 몰라
하늘의 비행기는 도대체
농민을 정말 몰라?

자기 몸뚱이를 속이지 않고
아파하는 바람 속에 깨꽃 같은
세월이 피어오른다

지금은 가세
불볕에 버려진 목숨
쑥밭에 뒹구는 살덩이
둥둥둥 북이 울리면
나루터 삼백리 모래바닥
얼굴에 회칠 먹칠
얼굴에 소금을 뿌리고
이히히 웃다 사라지세

오른손에 작두를 들고
왼손에 술바가지 덜렁
썩은 육신으로 춤추며
남의 모가지만 베어온
아아 우리들은 어차피
허허한 산천 망나니들!
허허한 산천 칼잡이들!

지금은 가세
불볕에 버려진 목숨 쑥밭에
뒹구는 살덩이
둥둥둥 북이 울리면

나루터 삼백리 모래바닥
얼굴에 쏟아지는 갈까마귀
얼굴에 휘감기는 늑대의 혓바닥
이히히 웃다 사라지세

세상이야 어느덧 잘못 시들어
뉘엿뉘엿 해는 서산이어도
마음에 가슴이 없는 자들
죄를 저질러 가슴을 열고
죄를 저질러 사랑을 간직하니

자기 몸뚱이를 속이지 않고
아파하는 아파하는 바람
바람 속에 깨꽃 같은 세월이 피어오르고
강 건너 밭두렁에 파랑새 운다
강 건너 밭두렁에 파랑새 날은다.

강학종 씨

내가 경상도라 진주에서 만난
강학종씨는 요즘 어떻게 지낼까
진주에서 삼천포 쪽으로 내려가자면
용남고등학교란 조그마한 시골학교가 있는데
거기서 그와 나는 일년을 같이 보냈지
농사짓는 자기 에미애비를 못마땅하게 여기며
방과 후면 막걸리를 함부로 먹어대는 불량아들이
더러는 몇 명씩 속을 썩이는 시골학교에서
조국이라든가 향토애라든가 젊음이라든가 인생문제를
호박떡 먹여주듯 가르치며 노래도 해주면서

별명이 돼지인 강학종씨는 수학선생이었고
키다리 나는 좆같은 영어와 독일어를 나불거렸나
강학종씨는 고향이 북한 땅 함흥이었는데
짜장 우동보다는 특히 함흥냉면을 좋아했지
피난살이 부산땅에서 어수선하게 뼈가 굵어진 강학종씨

요즘은 부산에다 고추장 공장을 차렸다고 했지
간장 공장을 해볼까 어쩔까 망설이더니만
기어이 고추장 공장을 돌리며 살고 있다던가
달콤한 잡맛이 빽빽하게 휘감도는 세상에

매웁고 매운 고추장 공장에서 보일러를 돌리며
강학종씨는 엣취 엣취 기침을 해댄다던가

삼팔선 철조망 너머 고향이 그리울 적마다
손가락으로 고추장을 찔끔찔끔 찍어 먹고
입맛이 변하기 전에 가슴속을 먼저 달랜다지
지금도 빨간 비가 내리는 함흥 땅 어딘가를 바라보듯
펄펄 끓는 보일러를 돌리며 몇 번이고 돌리며
부산항 뱃고동 울음 속에 젊음을 섞어 버린다지
우리에게서 점점 멀어지는 젊음을 섞어 버린다지.

삼팔선 앞에서 북한 땅을 바라보는 기법技法, 그리고 통일을 꿈꾸는 슬픈 색주가色酒歌

삼팔선 바로 앞이라도
코앞에 놓인 북한 땅은 보이질 않더니
눈꼽만큼도 보이지를 않더니

내가 발가벗고
불알까지 모조리 내놓고
벌거숭이로 턱 버티고 서서 바라보니
히야, 그때야 능글맞게
북한 땅은 보이기 시작하더라

어디 그뿐이겠어
삼팔선 철조망 가에서
자지를 덜렁 내놓고
오줌을 누고 있었더니
그것을 육이오(6·25) 동란 때
홀엄씨가 돼버린 북쪽의 한 여편네가
무슨 생각이 절로 났는지
몰래 살짜기 훔쳐보더라.

삼팔선에서

여자처럼 울고 싶다
돌아갈 수 없는 고향
끝끝내는 돌아가야 할 고향
녹슨 철조망 너머로
가슴을 날리며
여자처럼 울고 싶다
침묵의 깊은 밤마다
삼팔선에 그득한 달맞이꽃
아아 우리는 여자처럼 울고 싶다.

우리들의 그리운 강변은

강변에는 나무들만 서 있다
밤마다 성큼성큼 걸어오더니
나무들은 키가 컸고
물은 더 이상 부풀지 않고 맑았다

실비늘을 반짝이며
때때로 쌀붕어 새끼들이 떠올랐으나
강변은 마을과 너무나 거리가 멀었다
위로 올라가면 다리가 걸려있을 뿐
다만 강의 끝이 출렁거릴 뿐
하늘의 별들은 한밤중에도
초저녁 다름없이 팽이처럼 돌고 있었다

바람은 흰 조개껍질의 그림자를 이고 오고
때때로 지나가는 행인 몇이
한곳에 아무렇게나 둘러앉아
무슨 소린지 모르게 지껄이다가 쉬어 갔다

해가 바뀌었을까 달도 바뀌었을까
바짓말이 내려가는 줄도 모른 채
누군가를 때려 눕힐 듯이

말뚝을 휘두르며 달려오는 맨발이 보였다
그러나 강변엔 여전히
푸르른 나무들만 서 있었다.

잠깐 쉬어 가기를 좋아하는
사람을 위하여 부르는 노래

잠시 차에서 내려
숨 한번 길게 내뿜고 싶구나
이 무진장 빨리 달리는 차에서 내려
아무리 바빠도 잠시 내려서
풀벌레 울음소리 죄다 듣고 싶구나
맨발로 논길과 밭길을 걸어가며
하늘의 흰 구름 뜬구름도
빼놓지 않고 바라보고 싶구나
너무 빈틈없이 너무 빨리 달리는
이 억울한 인생의 신발을 벗고서
부모님 누워 계신 황토산을 올라
한 번쯤 소나무로 서 있고 싶구나
독야청청 소나무로 서 있고 싶구나.

바다라면, 바다여

올여름엔 할아부님하고나
바다를 찾아가 보면 얼마나 옹골질까
아무래도 몸뚱이가 근질근질한 올여름에는
고향 땅 늙으신 할아부님하고나
아득하고 아득한 바다를 바라보며
모래찜이나 후북이 한나절 하면
얼마나 옹골지고 마음 넙죽해질까

강릉이라 경포대가 뭐고 지랄이고
여수라 오동도가 뭐고 지랄이고
충청도라 대천해수욕장이 뭐고 지랄이고
바다라면 사족을 못쓰는 바다여
아리랑 아리랑 아나리고가 돼가는 바다여

참말로 올여름에는 고향 땅이 얼씨굴까
고향 땅 앞바다가 바다 같은 바다일까
아무래도 올여름엔 마누라를
방구석에 처박아두고 부엌에 처박아두고
할아부님하고나 고향 앞바다에 가서
한나절 후북이 모래찜을 즐겨볼까
친구녀석 아들놈 백일잔치에 가도

쫄쫄쫄 따라다니는 요즘 마누라들아
변소에까지 따라다니는 마누라들아
마누라가 징글맞게 좋고 좋다며
그것밖에 모르고 살아가는 놈들이 수두룩 하지만
적어도 이것만은 이것만은 알아둬야지
마누라가 환장하게 좋고 좋은 삥땅이라지만
여름엔 같이 붙어다니면 구더기가 싣지
구더기, 구더기, 구더기. 알아?

쥐도 새도 빨간 고추도 모르게
우리네 오장육부에서 쫓겨나간 멀고 먼 남쪽바다여
고향땅 산 위에서 바라보면
엎어지고 꼬꾸라지고 울음하며
둥둥둥 푸른 북처럼 울리며
죽음과 눈물과 하늘로 범벅된 바다여
그러나 끝끝내 잠들지 않을 바다의
바다의 바다의 바다의 바다여

땅 넓은 곳에 땅이 넓더냐
바다 넓은 곳에 어디 바다가 넓더냐
사람 마음 넓은 곳에 땅이 넓고

사람 마음 넓은 곳에 바다 넓으거늘
우리 젊은 놈들이 어찌
백여우 같은 계집년하고나
산으로 바다로 미쳐 돌아다니랴

아무래도 올여름엔 할아부님하고나
고향 앞바다를 찾아나설까
일제말末과 육이오의 검은 날개쭉지에 짓눌려
밤낮으로 신경통에 악몽에 시달리는
뼈만 앙상하게 남은
내 고향 황토산 할아부님올 업고 가서
모래찜이나 시원시원하게 해드릴까
먼 세상으로 훌쩍 떠나시기 전에
모래찜이나 시원스럽게 해드릴까.

제3부

[장長타령]
살풀이

살풀이

동쪽이라면 동쪽의 떼귀신들아
서쪽이라면 서쪽의 떼귀신들아
남쪽이라면 남쪽의 떼귀신들아
북쪽이라면 북쪽의 떼귀신들아

달도 밝고 님도 밝고 꿈도 밝은 이 밤
피마자 동백기름에 밤도 밝은 이 밤
천리만리 갔던 임도 찾아온 이 밤
에헤야 오곡밥에 김도 무럭무럭한 이 밤

우리 어디 한번 결판지게 놀자
우리 어디 한번 결판지게 춤춰 보자
넘어지며 뿌리는 밥덩이를 받아먹고
일어서며 뿌리는 보리술을 받아 마시고

전생에 얻은 설움 사방팔방 풀어보자
전생에 얻은 기쁨 생시인 듯 누려 보자
총각귀신 처녀귀신 온갖 귀신 다 모여
몽당귀신 염병귀신 어중이 떠중이 다 모여

우리 어디 한번 북장고를 쳐보자

살풀이에 넋풀이 혼풀이에 밥풀이 술풀이에 떡풀이
풀이풀이 어허디야 풀이풀이 상사디야
어느 밤이 놀기 좋냐 오늘밤이 놀기 좋다

해가 지면 서해바다 물귀신들아
달이 뜨면 동해바다 물귀신들아
꽃이 피면 남쪽바다 물귀신들아
눈이 오면 북쪽바다 물귀신들아

오늘밤 어디 한번 먹세판을 벌여 보자
오늘밤 어디 한번 신랑 각시로 놀아 보자
놀고먹고 마시는 게 귀신들의 할 노릇이니
오늘밤 어디 한번 둥기 둥당 뛰어 보자

해가 지면 서해바다 햇무리귀신들아
달이 뜨면 동해바다 달무리귀신들아
꽃이 피면 남쪽바다 꽃대궁귀신들아
눈이 오면 북쪽바다 눈보라귀신들아

너희 한번 신명나게 놀아나 보자
천방지축 넘어지며 천방지축 일어서며

적막강산 돌고 돌며 넙죽넙죽 웃어 보자
고향생각 흐득흐득 돌고 돌며 울어 보자

해가 지면 서해바다 밤파도로 울고
달이 뜨면 동해바다 달파도로 울고
꽃이 피면 남쪽바다 꽃파도로 울고
눈이 오면 북쪽바다 눈파도로 울고

우리 어디 한번 인물치레 하여 보자
우리 어디 한번 득음천리 하여 놀자
우리 어디 한번 만사형통 너름새를 펼쳐 가자
우리 어디 한번 아니리 타령 엮어 보자

동쪽이라면 동쪽하늘 떼귀신들아
서쪽이라면 서쪽하늘 떼귀신들아
남쪽이라면 남쪽하늘 떼귀신들아
북쪽이라면 북쪽하늘 떼귀신들아

앞으로 나간다 조선명창 임방울
앞으로 나간다 조선명창 송흥록
앞으로 나간다 조선명창 박유전

앞으로 나간다 조선명창 신만엽
앞으로 나간다 조선명창 김계철
앞으로 나간다 조선명창 고수관
앞으로 나간다 조선명창 모흥갑
앞으로 나간다 조선명창 염계달
앞으로 나간다 조선명창 권삼득
어허 어허 나간다 얼쑤얼쑤 나간다

쑥대머리 귀신형용 적막옥방 찬 자리란
보고지고 보고지고 한양낭군 보고지고
조선명창 제일성의 송정리 임방울 나가니
수궁가에 적벽가라 이내 설움 심청가라

워따 먹어라 이고 지고 마셔라
울뚝불뚝 덜렁제 권삼득이 나가니
산소리 물소리 바람소리가 그 목소리
놀부 회초리 들고 제비 앞다리 꺾는소리

꿀꺽꿀꺽 마셔라 불룩불룩 먹어라
세 번째로 운봉 땅 타는 간장 송흥록이라
맹열아 맹열아 맹열아 잘 가거라

네가 가니 정은 남고 몹쓸 병만 설치구나

지게 목발 두드리니 산이 첩첩 세월도 첩첩
외눈백이 박유전 갈퀴질 소리 들린다
눈이야 한쪽 눈이어도 보는 것 다 보느니
그 목소리 제일 목소리 천하제일 강산이렷다

다섯째로 산들바람 봄비같은 신만엽이 나온다
수궁가에 토끼 배 가르기가 바로 그 소리
용궁이 어디라고 별주부에 잡혀오니
이날치 김채만이 그 목소리 받았어라

구름구경 달구경에 가야금 병창이면
아무래도 충청도 땅 김계철이 그 아니던가
마셔라 먹어라 넘치게 마셔라
가야금 따로 있냐 이내 가슴이 가야금 둥당

일곱째로 나간다 사랑사랑 나간다
경상도라 고수관이 사랑타령이 제일이니
이리 보아도 내 사랑 저리 보아도 내 사랑
사랑사랑 병이 들어 사자밥을 먹는구나

동쪽이라면 동쪽하늘 먹구름귀신들아
서쪽이라면 서쪽하늘 저녁 노을귀신들아
남쪽이라면 남쪽하늘 마파람귀신들아
북쪽이라면 북쪽하늘 높새바람귀신들아

이번에는 경기도 땅 모흥갑이 차례렷다
금강산 일만이천봉 와그르르 무너지는 소리
조조군사가 둥둥둥 적벽강에 휩쓸리는 소리
그 소리 높고 커서 저승밥을 다 먹은듯

예라 이번에는 미끈하게 넘어갈까
팍팍하게 넘어갈까 능글익살 웃어볼까
여주땅 염계달을 비룡폭포로 데려갈 적
사는 일이 노래요 웃는 일이 사는 걸까
동쪽이라면 동쪽마을 부자귀신들아
서쪽이라면 서쪽마을 선비귀신들아
남쪽이라면 남쪽마을 성황당귀신들아
북쪽이라면 북쪽마을 거러지귀신들아

자아 보리밥이다 보리밥귀신들아 붙어라
자아 쌀밥이다 쌀밥귀신들아 붙어라

자아 콩밥이다 콩밥귀신들아 붙어라
자아 수수밥이다 수수밥귀신둘아 붙어라
자아 콩나물이다 콩나물귀신들아 붙어라
자아 호박이다 술이다 고기다 붙어라 붙어라

남한산성 열두 고개 배불리 넘어가니
북한산성 열두 고개 배불리 넘어오고
꽃이 피고 새가 날면 예 아니 놀 것이냐
님을 보고 돌아서면 예 아니 서러우랴

만주벌판 달리다가 얼어 죽은 귀신들아
남양군도 열대 정글서 총알 맞아 죽은 귀신들아
일본 땅 북해도서 석탄백탄 눌려 죽은 귀신들아
휴전선 철조망에 뱀에 물려 죽은 귀신들아

먹고 먹으니 뱃속이 양반이요
마시고 마시니 뱃속 또한 무릉도원
먹고 죽은 귀신은 얼굴도 어여쁘구나
얼씨구 절씨구 닐리리 니나노 좋구나

준치고기 먹다가 목에 뼈 걸려 죽은 귀신들아

까막고기 먹다가 까마귀가 돼버린 귀신들아
오징어 잡다가 오징어 먹통 속에 들어간 귀신들아
만경창파 무인도에 홀로 갇혀 죽은 귀신들아

장고를 치면 장고귀신들이 마중 나오고
꽹과릴 치면 꽹과리귀신들이 마중 나오고
소구를 돌리면 소구귀신들이 헐레벌떡
나팔을 불면 나팔귀신들이 뿡뿡 뿡뿡뿡

일곱 빛 무지개를 쫓아가다 죽은 귀신들아
동전일랑 아끼려다 배가 고파 죽은 귀신들아
칠팔월 참외밭에 똥누다 벼락맞아 죽은 귀신들아
배꼽 잡고 웃다가 배꼽이 빠져 급살한 귀신들아

어디 갔다가 인제 오느냐
언제 갔다가 인제 오느냐
하늘 끝까지 갔다가 오려느냐
지옥 끝까지 갔다가 오려느냐

비나이다 비나이다 흐트러진 머리카락
비나이다 비나이다 흐트러진 치맛자락

시루떡을 뿌리면 시루떡에 붙어 오라
닭 뼉다귈 뿌리면 닭 뼉다귀에 붙어 오라

놀고먹고 마시는 게 귀신들의 할 노릇이니
보리고랑 논고랑 옛 시절 와서 흔들리고
산이라서 날으는 굽이굽이 산새들
물이라서 날으는 넘실넘실 물새들

해가 지면 서쪽나라의 땅귀신들아
달이 뜨면 동쪽나라의 땅귀신들아
꽃이 피면 남쪽나라의 땅귀신들아
눈이 오면 북쪽나라의 땅귀신들아

해가 지면 서쪽나라 숫무당을 불러내어
달이 뜨면 동쪽나라 암무당을 안아주고
꽃이 피면 남쪽나라 소리무당을 불러내어
눈이 오면 북쪽나라 장고무당을 업어주고

얼씨구 절씨구 니나노 넋을 품자
에헤야 상사디여 전생 설움 풀어보자
산 사람은 죽은 귀신 달래주고

죽은 귀신은 산 사람을 달래주고

우리 어디 한번 원없이 원없이 놀자
오늘 밤 어디 한번 둥기 둥당 뛰어 보자
물에 빠진 귀신들 하늘로 보내주고
무덤에 갇힌 귀신들 하늘로 띄워주면

어허 수리수리 마수리 온갖 액이 달아난다
정월 한 달 드는 액은 강원도 폭설로 막아내고
이월에 드는 액은 한라산 봄소식이 막아내고
깽매깽매 둥기 둥당 둥기 둥당 다앙

어허 수리수리 마수리 온갖 액이 달아난다
삼월에 드는 액은 터지자 삼일만세로 막아내고
사월에 드는 액은 부활 예수 핏물로 막아내고
오월에 드는 액은 삼수갑산 신록으로 막아내고

어허 수리수리 마수리 온갖 액이 달아난다
유월에 드는 액은 임진강 한강으로 막아내고
칠월에 드는 액은 북두칠성 견우와 직녀로 막아내고
팔월에 드는 액은 한가위 둥근 달로 막아내고

어허 수리수리 마수리 온갖 액이 달아난다
구월에 드는 액은 아들딸 서너죽 낳아서 막아내고
시월에 드는 액은 오곡백곡 풍년으로 막아내고
십일월에 드는 액은 내장산 단풍으로 막아내고

어허 수리수리 마수리 온갖 액이 달아난다
십이월에 드는 액은 설달처녀 시집보내서 막아내고
하늘로 막아내고 찰흙 진흙으로 막아내고
전후좌우로 막아내고 가운데로 막아내고

어허 수리수리 마수리 온갖 액이 달아난다
콧구멍에 드는 액은 코를 팽 풀어 쫓아내고
귓구멍에 드는 액은 귓밥 파서 쫓아내고
입술에 달겨 붙는 액은 구린내 풍겨 쫓아내고

어허 수리수리 마수리 온갖 액이 달아난다
술 한 잔에 몸을 뎁혀 천리만리 바라보니
만사는 대길하고 세상백사 환연하니
소원성취가 눈앞에 코라 코 위에 눈이라

우리 어디 한번 가는 길을 닦아 보자

귀신들 가는 길을 반질 미끈 닦아주고
짚새기 신발이나 여러 켤레 마련하고
노잣돈 후북 주어 안녕 이별 말해보자.

동쪽이라면 동쪽의 떼귀신들아
서쪽이라면 서쪽의 떼귀신들아
남쪽이라면 남쪽의 떼귀신들아
북쪽이라면 북쪽의 떼귀신들아

꼬끼오 닭이 울면 무당노릇 끝나나니
잘 먹고 잘 놀았으면 부디부디 잘 가거라
잘 마시고 잘 웃고 잘 울었으면
산 너머 강을 건너 하늘 멀리 잘 가거라
꼬끼오 꼬끼오오!
꼬끼오 꼬끼오옥!
꼬끼오 꼬끼오 꼬끼오오오……!

제4부

[식물성 장시]
지리산 여자

지리산 여자

1951년 지리산 초동리草洞里 마을엔 아무도 없었다. 폐허와 절망의 덩어리들뿐. 그러나 처녀는 "사람 있어요? 사람 있어요?"라고 울부짖었다. 그때였다. 어디선가 꽃나무 가지의 향기가 흔들려 왔다. 처녀는 바위틈에 숨어 오들오들 떨고 있는 칠순 노인을, 자기 외에 겨우 살아남은 그 노인을 땅바닥에 끌어내어, 늑대처럼 달려들어 부둥켜안았다. 그리고 노인의 가슴 밑에다 자신의 온몸을 밀어 넣었다. 처녀는 그 노인의 자식새끼를 기어이 갖고 싶은 것이었다. 그 자식새끼들을 지리산 골짜기마다 퍼질러 놓고 싶었기 때문이었다.

I. 폐허

달이 떠오르고 있었다
처녀는 사방을 둘러보았다
그러나, 오 그러나 갈 곳이 없었다
그녀의 곁에 남아있는 것은
그녀의 두 눈에 담겨 출렁이는
오오, 불타는 지리산 봉우리들이었다

죽음, 죽음, 썩은 죽음의 응어리들뿐이었다
어디서 어떻게 시작할까
어디서 어떻게 사람을 만날까

(거기 사람 있어요?
거기 사람 아니면 귀신이라도 있어요?
거기 거기, 사람이 아니면
사람들이 버리고 간 꿈이라도 있어요?)
처녀는 다시 일어서서
기어이 가야 할 길을 찾기 시작했다

마을은 쑥밭처럼 허물어져
사방팔방에서 도둑고양이들만
지옥같이 푹 패인 골짜기를
야옹 야옹 헤매이고 있었다
그렇다, 때는 1951년 9월
역시 달이 떠오르고 있었다
바위와 총소리와 무참한 양심의 시체들
처녀는 그런 폐허를 딛고서
꼭 어딘가로 가고 싶은 것이었다

초동리 사람들이 그립다
초동리 사람들이 보인다
밤이 오기 전에
굴뚝마다 연기가 피어오르던

초동리 마을, 초동리 고샅길
옛사람들의 기침소리가
도처에 반딧불처럼 날으더니
보리떡을 하여도 서로 나누어 먹고
얼굴이 찢어지도록 웃으며 살더니

이 무슨 짓인가
빨치산이 지나가고 이 무슨 짓인가
세월이 지나가고 이 무슨 짓인가
아아, 초동리 마을은 콩을 볶은 듯이
양철판을 두드리는 듯이
그렇게 당하고 당해버리는 걸까

참, 처녀는 그날 밤 묘하게 뒤가
촌말로 똥이 마려웠던 것이었고
처녀는 그리하여 뒷간에 갔었고
그 사이 어머니 아버지 동생들은
어딘가로 멀리 끌려가고 있었다
빵, 빵, 빵, 빵, 빵!!
빨치산들의 고함소리였을까
아니면 마을사람들의 비명이었을까

아니면 지리산이 무너지는 것이었을까
처녀는 똥을 누는 둥 마는 둥
뒷간에서 넋을 잃고 뛰쳐나와

아부지야!
어무니야!
목에 피가 끓도록 소리쳤다
어느덧 꽃피던 집들이
정든 산 언덕 위에
조상 대대로 물려온
자기네 집이 불 속에 휩싸임을
처녀는 까마득히 잊고 있었다

처녀는 도깨비바늘끝 같은
무수한 가시넝쿨에 채이면서
초동리 마을 뒷산으로 올라가 보았다
마을은 잿더미처럼 시커멓게
몇몇의 희미한 남은 불씨를
푸푸푸 날리는 듯했으나
오, 마을은 짤려진 오리 모가지처럼 뒹굴고 있었다

처녀는, 그때 불덩이 몇 개가
바다로 가는 것을 간신히 보았다
불덩이 몇 개가 수수밭을 뚫고
바다를 향하여 굴러가는 것이었고

어디에선가 원숭이가 또 울고 있었다
마을의 작은 꿈들이 도깨비꽃처럼
갑작스럽게 피어나는 음산한 달밤

쇠꼬챙이마냥 꽂혀 있는 나무들마다
누군지 알아볼 수 없는
초동리 마을 사람들의 목이 매달려
어둠 깊은 곳으로 썩어 내리고

오오, 폐허와 폐허 위에서
삶은 무슨 의미를 지니는 걸까
더 이상 보탤 수 없는 완벽한
죽음의 땅 위에서
치마와 저고리만을 걸친
오오, 삶은 과연 허수아비 그것일까
처녀는 그러나, 삶의 폐허를 딛고서

꼭 어딘가로 가고 싶은 것이었다.

II. 철쭉 밭에서

1951년 초동리 마을 구름의 떼
가나이다 삼수갑산 가나이다
죽기 전에 살기 전에 가나이다

넘어지며 손을 저어 일어서며 가나이다
전생 설움 달래려고 오늘을 살며
내일 설움 달래려고 오늘을 살며

워어 철쭉밭에 새가 날은다
워어 철쭉밭에 사람이 날은다
삶이야 누더기여도 마음은 별빛
워어 새가 되어 꽃이 되어
지리산 삼백리에 바람 되어 누비세

돌고 돌다 울음 그치면
어기야 넋으로 펼쳐진 지리산
어기야 삼백리 길을 띈다

사람을 만나려고 산사람을 만나려고
쑥굴형 넘어 절벽을 넘어가네

불빛은 먼 곳에 있을까
불빛은 내게서 흘러나가는 걸까
모르겠다 지리산아 알겠다 지리산아
도깨비불도 사람의 마음이 만드는 것
어둠도 밝음도 사람이 만드는 것

개인의 삶이란 무엇이더뇨
전체의 삶이란 또한 무엇이더뇨
마을이 사라지고 부모님이 사라지고
이웃이 사라지고 비가 내린다
철쭉밭 도처에 비가 내린다

오메, 개인을 지탱하는 삶이여
전체를 바라보게 하는 삶이여
개인의 죽음과 전체의 죽음은
서로 어떤 모습으로 어른거릴까
갈등, 모순, 이해, 아픔의 연속일까

가네 둥둥 떠 가네
처녀를 꽃처럼 보듬고
초동리 처녀를 구름처럼 날리며
하늘로 꿈속으로 솟아오르는
야호, 지리산은 정신일까 흙덩이일까

처녀는 눈을 감네
처녀는 백번 천번을 더 크게
눈을 뜨려고 가슴을 열려고
처녀는 비로소 눈을 감네
그리고 처녀는 치마를 흩날리네

오오, 밤비여 밤비여
처녀의 육체를 벌판처럼 적시며 흘러가는
섬진강 물줄기여 그침 없는 길이여
가슴을 뒤흔들어 바다를 배우고
머리를 뒤로 눕혀 땅을 배우는

여허, 지리산에 살아있는 모든 것들이어
지리산 굽이굽이 삼백리 길이어
땅속으로 뿌리를 내려

피 묻은 돛을 펄럭이는
지리산의 풀꽃들이어

갈 길이 바쁘구나
처녀는 정녕 갈 길이 멀구나
서산에 해 떨어지기 전에
꼭 한번 사람 노릇을
철쭉밭이어 육체의 뒤범벅이어

피리 소리가 들린다
쇠나팔 소리가 들려온다
초동리 마을이 총알받이가 되던
아아 1951년 9월
사방팔방에 바람꽃이 피는 지리산이어

처녀가 죽어 지리산이 된다면
지리산이 죽어 처녀가 된다면
초동리 마을엔 어떤 사람들이 와서
초동리 마을엔 어떤 꿈들이 와서
지리산 삼백리에 마음을 세워 둘까
삶을 삶답게 더듬거려 세우려고

지리산 삼백리에 마음을 달려가게 할까

Ⅲ. 하늘과 땅의 결혼

1951년 9월 초동리 마을
목숨이란 밤인가 꿈인가 세월인가
지리산 삼백리에 섬진강이 흘러들고
산줄기마다 끝없는 꽃들의 얼굴이 흐르고
어디론가 새들이 날아가고
오, 처녀는 가슴 구석구석에
나무망치로 집을 짓고 있었다

떨리는 주먹으로 눈물을 닦아내며
처녀는 흙구덩이에 모가지를 처박으며
옹달샘 물을 마시듯 숨을 쉬었다
두더지가 파헤친 땅속에 모가지를 넣어
어디선가 쏟아져 내리는 산울음을 들었다

여봐라 처녀야
서산에 해는 떨어지고
동산에 달은 비추는데

여봐라, 여봐라 처녀야

산천은 험준하고
고향길은 아득한데
1951년 늦가을
우리는 죽어 새가 되었다
한이 되어 원이 되어
섬진강에 눈물을 섞나니

여봐라 처녀야
속살이 복숭아 꽃망울처럼
그러이 아름다운 처녀야

나무잎새는 바람에 뒤집히고
세월이라면 세월에 뒤집히고
초동리 마을은 무참하게 잊혀져 가고
그러나 하늘은 영원한가
나무들은 나무들과 더불어
무슨 알량한 노래나 부르는지

오오, 지리산은 덧없어라

섬진강은 섬진강을 피하며 흐르고
지리산은 지리산을 피하여
벼락 맞은 장승처럼
멀뚱멀뚱 솟아만 있어라

처녀는 퍼뜩 정신을 차렸다
흙구덩이에서 높이 고개를 들어
지리산 골짜기들을 바라보았다
아아, 지리산 골짜기 여기저기에서
흰옷 입은 초동리 마을 사람들이
수백 명씩 다시 살아나고 있었다

다시 메추라기 떼들이 날아오르고
올빼미마저 자기의 울음을 찾아내고 있었다
노루가 뛰고, 꿩이 푸드득거리고
늑대와 호랑이도
자기들의 갈 곳으로 달려가고 있었다

늙은 망령들은 무덤 속으로 숨어버리고
오오, 그 무덤 속에서
새로운 씨앗이 솟아나고

처녀는 어느덧
지리산 상상봉으로 뛰고 있었다

달맞이꽃들이 처녀의 가슴에
더욱 부드러운 향기로 스며들고
지리산아 지리산아
오오, 초동리 마을이 죽어서
남겨놓은 남정네여

처녀는 어느덧
지리산 상상봉으로 오르는 것이었다
처녀는 알몸으로 노래하기 시작했다
거기 사람이 있어요?
거기 사람이 있어요?
인간이라는 신랑이 있어요?
인간이라는 신랑이 있어요?

산이 귀가 있다면, 들어라
바위가 눈이 있다면, 어디 보아라
흐르는 물이 가슴이 있다면, 또한 간직하라
첩첩산중 굴속에 짐승되어 파고들어
오장 뒤틀어 물 한 모금에 노래하나니

바람에 흩날리는 넋이 여기 있다면
늦가을 쑥잎이라도, 가져다 부벼 보라
삼수갑산 정든 님들
사랑 사랑에 병이 들었나니

처녀는 상상봉으로 올랐다
처녀는 그때, 확실히 보았다
피묻은 흰 두루마기롤 나부끼며
바위틈에 오들오들 떨고있는
아아, 사람을!
처녀는 사람을 보고 말았다

푸른 하늘 푸른 들이 어디 있어요
우리들이 가는 곳이 바로 거기인데
푸른 하늘 푸른 들이 어디 있어요
우리들이 울음 울고 사랑하는 곳이
정녕, 푸른 하늘 푸른 들인걸요

여보세요
석양은 늘어져 갈까마귀 울고
지리산 삼백리 고개도 굽이굽이 울고

우리네 인생도 굽이굽이 울고지고
여보세요 저는 지리산이
남겨놓은 신부이어요

달이 구름 속에서
몰래몰래 내려다보고 있었다
어디선가 꽃나무 가지의
향기가 조금씩 흔들려 오고
바람이 가장 깨끗하게 불기 시작했다

처녀는, 바위틈에 숨어
오들오들 떨고 있는
그 노인을 땅바닥에 끌어내었다
그리고 그 노인을 보았다

아아, 그 사람은 노인이 아니었다
지리산이 끝끝내 간직하려는 사람이었다
지리산이 끝끝내 남겨놓으려는 사나이었다
지리산이 처녀에게만 바치는 신랑이었다

처녀는, 허연 백발 속에서

보석처럼 반짝이는 두 눈에
자신의 눈을 갖다 대었다
노인의 하늘을
자신의 땅속으로 깊이 끌어당겼다

처녀는, 그리고 외쳤다
아이를 갖고 싶어요
셀 수없이 많은 아이를 낳고 싶어요
지리산 초동리 마을에
당신과 나의 아이들을 퍼질러 놓고 싶어요
지리산엔 사람이 살아야 하니까요

늑대가 울고 있었다
지리산 상상봉이 흔들리고 있었다
처녀는 그 노인의 불을 기어이 훔쳐내어
자신의 배꼽 밑에 집어넣었다
비로소 처녀는
선진강, 섬진강의 물줄기가
남해 멀리 흘러가는 소리를 들었다.

제5부

보리밥

사랑가歌

사랑이여 세상의 모오든
사랑의 밑바닥 찌꺼기들이여
하염없이 물결치는 잡풀의 넋이여
내 그대들을 밤낮으로 그리다가
그대들의 가슴에 엎어져 울려 하다가
어제 끝에 손톱이 길어 난 줄도 몰랐어라
손톱이 길게 길어 난 줄도 모르고
내 그대들의 가슴에 집을 지으려고
머나먼 산천을 헤매었어라.

애타는 앞가슴으로

바람이란 바람은 모두 불어 다오
세상의 그리움이란 그리움은 모두 찾아와다오
세상의 아픔이란 아픔은 모두 밀어닥쳐
내 울음과 그리움을 꽃으로 흔들어다오
지리산을 훨훨 넘어 개골산을 삐거덕 넘어
세상의 산이란 산은 오직 애타는 앞가슴으로 적시면서
세상의 강이란 강은 모두 모두 눈썹을 달아주고
몇백 년 몇만 년을 바라보게 해다오.

보리밥

나는 뜨끈뜨끈하고도 달작지근한 보리밥이다
남도南道 끝의 툇마루에 놓인 보리밥이다
금이 가고 이 빠진 황토빛 툭사발을
끼니마다 가득 채운 넉넉한 보리밥이다
파리 떼 날아와 빨기도 하지만
흙 묻은 입속으로 들어가는 보리밥이다
누가 부러워하고 먹으려 하지 않은
노랗디 노오란 꺼끌꺼끌한 보리밥이다
누룽지만도 못하다고 상하上下로 천대를 받는
푸른 하늘 밑의 서러운 보리밥이 아닌가
개새끼야 에그 후라이를 먹는 개새끼야
물결치는 청보리밭 너머 폐허를 가려면
나를 먹어다오 혁대를 풀어 제쳐
땀나게 맛있게 많이 씹어다오
노을녘 한참 때나 눈치채어 삼키려는
저 엉큼한 놈들의 무변無邊의 헛바닥을 눌려 앉아
하늘 보고 땅을 보며 억세게 울고 싶은데
아이구머니나, 어느 흉년이 찾아들어
누가 참 오랜만에 나를 먹으려 한다
보리밥인 나를 어둑어둑한 뒷구멍으로
재빨리 깊숙이 사정없이 처넣더니

그칠 줄 모르는 방귀만 잘 새어 나온다고
돌아서서 다시 퉤퉤 뱉아버린다.

감꽃

어릴 적엔 떨어지는 감꽃을 셌지
전쟁통엔 죽은 병사들의 머리를 세고
지금은 엄지에 침 발라 돈을 세지
그런데 먼 훗날엔 무엇을 셀까 몰라.

호남선

기차는 가고 똥개만 남아 운다
기차는 가고 식은 팥죽만 남아 식는다
기차는 가고 시커멓게 고개를 넘는
깜부기, 깜부기의 대갈통만 남아 벗겨진다
기차는 가는데 빈 지게꾼만 어슬렁거리고
기차는 가는데 잘 배운 놈들은 떠나가는데
못 배운 누이들만 남아 샘물을 긷는데
기차는 가고 아아 기차는 영 사라져 버리고
생솔가지 저녁연기만 허물어진 굴뚝을 뚫고 오르고
술에 취한 홀애비만 육이오의 과부를 어루만지고
농약을 마시고 죽은 머슴이 홀로 죽는다
인정 많은 형님들만 곰보딱지처럼 남아
할아버지 아버지 어머니 무덤을 지키며
거머리 우글거린 논바닥에 꼿꼿이 서 있다.

참깨를 털면서

산그늘 내린 밭귀퉁이에서 할머니와 참깨를 턴다
보아하니 할머니는 슬슬 막대기질을 하지만
어두워지기 전에 집으로 돌아가고 싶은 젊은 나는
한번을 내리치는 데도 힘을 더 한다
세상사에는 흔히 맛보기가 어려운 쾌감이
참깨를 털어대는 일엔 희한하게 있는 것 같다
한번을 내리쳐도 셀 수 없이
솨아솨아 쏟아지는 무수한 흰 알맹이들
도시에서 십 년을 가차이 살아본 나로선
기가 막히게 신나는 일인지라
휘파람을 불어가며 몇 다발이고 연이어 털어댄다
사람도 아무 곳에나 한 번만 기분 좋게 내리치면
참깨처럼 솨아솨아 쏟아지는 것들이
얼마든지 있을 거라고 생각하며 정신없이 털다가
〈아가, 모가지까지 털어져선 안되느니라〉
할머니의 가엾어하는 꾸중을 듣기도 했다.

열 손가락 중에 하나 간혹
피를 흘린다는 일은
얼마나 즐거움인가

나는 이제 시골로 돌아갈까 부다
당신이 뒷발로 차버린 시골로 돌아가리라
아침저녁으로 이슬에 젖은 풀을 베고
간혹 가다가는 나도 모르게 낫에 손가락도 베리라
풀포기를 스쳐가는 손가락에 조금씩 피가 흐를 때
그것은 얼마나 시원하고 깨끗한 즐거움인가
얼마나 아득하고 아득한 서러운 즐거움인가
송아지를 부르면서 아침저녁으로 풀을 베면서
열 손가락 중에 하나 간혹 피를 흘린다는 일!
아 이제 나는 시골로 돌아갈까 부다
시골로 돌아가 풀베기를 하면서 그런 아픔도 맛보리라.

간지러움

야야, 비겁하게 간지러움을 먹이지 말라
겨드랑과 발가락엔 시간도 그늘도 담배도 없다
국사國史시험에 이용하려는 희한한 컨닝페이퍼도 없다
너무 먹이면 너무 웃다가 왈칵 눈물이 쏟아진다
네가 올라가 보지 못한 절정의 모서리가 쏟아진다
사랑의 추억의 분노의 미련, 어지러움이랄까

우리들의 할아버지나 아버지는 그것을 안다
배꼽을 쥔 채 눈물을 흘리신 적이 있어서 말야
소화昭和의 간지러움에 인민군人民軍의 간지러움에
지쳐서 말야
꼬부랑 말의 간지러움에 지쳐서 말야

야야, 제발 손가락을 가져가지 못하겠나
나는 쑤셔도 감촉이 없는 그런 미궁迷宮이 아니다
닐 암스트롱이 맨 처음 고요의 바다에 남긴 홈이 아니다
알다시피 나의 겨드랑과 발바닥은 이 땅이다
네가 아침마다 물을 뿌려준 너의 집 무우밭 고랑이다
네가 뒤로 미끄러진 바로 그곳, 하하 그곳이다.

비가悲歌

갈대밭 속 강물 위에
총알구멍이 뚫린 송장 하나가
모가지가 짤린 채 떠내려가고 있었다
그것을 발가벗고 꼬여 핑구는
한 쌍의 건강한 남녀男女가
손가락질하며 히히 비웃고 있었다.

눈깔사탕을 밟고
미끄러진 님아

난 지화자 좋아라
산줄기 넘어 넘어 오신
허어연 메밀꽃 물결
할아부지가 지화자 좋아라
너무 늙어 요강에 앉을 힘도 없지만
고향 땅 할아부지가 참말로 좋아라
방바닥에 하마 똥오줌 누고
부끄러워 어쩔 줄 모르는 할아부지
난 좋아라 삼수갑산三水甲山 기중 좋아라
어절시구 좋아서 죽겠어라
세상에 두리뭉실 하염없이 깔린
눈깔사탕을 밟고 미끄러진 님아
지금은 쑥밭이 돼버린 님아…….

덕배

삼천포에 와서 나는 가까와졌지
안개처럼 내리는 빗속의 삼천포
순대국을 파는 선술집에서 처음 만났지
술을 마시다가 갑자기 알게 되었지
쑥떡 같은 덕배 고향이 충무라던 덕배
낙동강 전투에서 아버지를 뼈도 찾지 못하고
어머니는 어떤 바람둥이에게 빼앗기고
그러나 항상 곗돈 이자를 걱정하던 덕배
이마엔 칼자국 흉터 뒤통수엔 혹이 하나
거 덕배 말야 이름도 덕배 말야
마음씨야 그만인 트럭운전수 덕배 있잖아
남해南海에서 밤배로 들어온 생선들을
방금 잡은 듯이 눈알도 퍼어런 생선들을
삼천포에서 서울로 실어 나르던 덕배
되도록이면 싱싱한 놈을 다투어 좋아하는
우리의 위대한 서울사람들을 위하여
새벽 3시부터 쏜살같이 실어 나르던 덕배
아내하고 단잠 한번 제대로 못자던
트럭운전수 덕배 어제 그가 죽었지
추풍령을 넘다가 트럭과 함께 가버렸지
곗돈과 아내와 첫딸을 뒤에 남겨두고

남해의 생선들을 뒤에 남겨둔 채
덕배는 영영 가버렸지 아 덕배는…….

지리산을 넘으며

나는 구름에게 말해야 한다
나는 바람에게 말해야 한다
나는 시냇가 디딤돌에게 말해야 한다
나는 나무에게 말해야 한다
나는 담배꽁초에게 말해야 한다
내가 한 말이 어처구니없이
구름이 되거나 바람이 되거나
시냇가 디딤돌로 밟히거나
저무는 12월 나무로 흔들리거나
혹은 불면의 새로 날아가 버릴망정
무심코 던져버리는 담배꽁초가 될망정
나는 나의 말에게 이름을 붙여주어야 한다
주전자에 물이 끓으면 넘치듯이
그렇게 그렇게 나의 모오든 말을
세상 곳곳에 뿌려주어야 한다
사실은 그들의 말인 나의 말을
사실은 그들의 노래인 나의 노래를.

머슴

머슴은 머슴인 자기를 모르지만
손에서 손으로 건너는 힘은 달고
최초의 자유스러움까지도
주인집의 소유물로 여긴다
나는 매일 그것을 느낀다
6·25의 비극을 감수하는 나만이 느끼리라

서울로 오입 나간 머슴아
부드러운 주인을 찾아간 머슴아
오밤중에 노동의 열쇠를 쥐고 뺑소니친 머슴아
너는 차가운 논길
서리가 내린 논길을 일으키며
수그러진 볏 모가지를 훑어내렸지

그러나 너는 모른다
머슴인 너 자신마저 모른다
주인의 흰 고무신을 빼앗아 신고
쌀가마니 지고 산속으로 가서
놈들의 따발총 구멍을 닦아주던
그 시절의 머슴들을

게으름, 무식한 재미가
피를 지배하고 기어이 사물事物을 주물렀다
독毒 오른 손만 내밀면
나뭇가지나 바위 혹은 지푸라기도
급기야 살인 도구가 될 수 있었지

악마는 악마를 죽이지 않지만
인간은 인간을 죽인다
풀잎은 풀잎에 허리를 기대는데
인간은 죄악에 기대인다

닭모가지를 비틀며
소의 고삐를 의기양양히 잡아당긴 손
아아 끔찍한 게으름, 솟구치는 무지無智
산에서 힘을 얻은 머슴은 돌아와
주인집의 푸른 빗장을 열고
전 재산을 몽둥이로 내리쳤다
낫 놓고 기역자도 모르는 머슴은
논어나 명심보감을, 그리고 족보를 난도질했다
달걀껍질을 노랗게 뚫고 나와
주인의 눈구멍에 고춧가루를 뿌리고

뱃가죽에 대창을 꽂았다

그런 밤에 펑펑 물꼬가 터지고
논바닥은 여지없이 금이 갔다
성性보다 깊이 파고드는 낮잠은
즐겁게 찾아들고, 머슴은
모처럼 반가운 태양이라 했다
비만 부르던 손과 발은
태양을 보고도, 낮잠을 쫓던 태양을 보고도
뻐젓이 누워버렸다

서울로 오입 나간 머슴아
오밤중에 노동의 열쇠를 지고 도망친 머슴아
주인을 저주하면서 흙의 구석구석을
찌른 그 시절, 짐승 같은 녀석들은
너처럼 진짜 머슴이 되고 말았다.

북한여자

밤마다 나는 북한 여자와 잠을 자지만
아들 한번 고구려 사내놈처럼 낳으려고
그녀와 대한민국 전체로 보름달로 놀아나지만
딸 한번 평안도 기생같이 쏘옥 빼내려고
그녀의 숨겨진 땅을 진흙덩이로 뒹굴지만
늪 수렁에 감춰진 열쇠를 맨주먹으로 비틀지만
첫 새벽에 먼저 일어나 잠든 그녀를 보면
육이오 때 밀리어 왔다가 지금은 고작
밥벌이로 술집을 차린 피난민 여자가 아닌가
팽팽했던 몸은 어느덧 전국全國으로 늙어 빠져버려
저무는 공사판이나 쫓아다니며 기웃기웃 거리는
비 맞은 암탉이 아닌가 쑥구렁의 도둑고양이가 아닌가
나 같은 막벌이나 끙끙 보듬고 식은땀을 흘리는
뻣세디뻣센 늦가을의 쑥이파리가 아닌가
내가 밤마다 만나는 북한여자北韓女子는
내 살덩이를 삼팔선인 양 물어뜯으며 흐느낀다
육체여, 그날 내려온 북한여자라도 곁에 있으니까
나 같은 막벌이꾼도 간혹 허전함을 달랜다
내 가슴 구석에도 텅 비어 있는 황량한 북한 땅을
남으로 내려온 그녀의 늙은 몸으로나마 채운다
그녀의 쭈그러진 살에서나마 북한 땅을 더듬는다.

고독한 젊은이는 강하다

젊은이에겐 인생을 말할 수 있다
구두닦이든 군인이든 풋내기 마부이든 스포츠맨이든
시골에서 땅을 파먹고 살아가는 놈이든
믿음과 증오를 가리지 않고
갈대밭 넘어섬을 넘어 가을바람에 뛰어 들기에
가을바람으로 그 넋을 닦아내기에
죽은 신神마저 젊은이를 찾아온다.

차라리 악마를 믿고 싶을 만큼
믿을 것이 하나 없는 천지간에
태양이 오르가즘을 흔들며 숯덩이처럼 떠오른 오늘
억새풀을 스쳐간 듯한 있음과 없음은
누구나 마음대로 밟고 가지만
사람은 멀리서 바라볼수록 저물어 다가오지만

젊은이는 잠자는 모든 것들에 깃들어서 잠을 깬다
잠자지 않는 모든 것들에 깃들어서 잠을 잘 줄도 안다
텍스트가 없는 자연을
텍스트가 없는 사랑의 원천을 만난다
신神을 인간으로 만드는 일 따윈 안 한다.

어린애는 어머니가 이끌지만
젊은이는 불과 창조력이 이끈다
어린애는 여자가 낳지만 젊은이는
파도가 낳고 바위가 낳고 천지현황天地玄黃이 낳는다
젊은이는 그만큼 미쳐서라도 진실에 열렬하다
최초의 아름다움으로 몸부림치며 최초의 눈물만 흘린다.

떡갈잎 밑에 숨 쉬는 푸른 흙의 문門도 와서
열리고 닫히고 열리는 젊은이의 심장
원숭이처럼 걷고 싶은 늦가을 달밤이며
간질병 같은 예술도 거기 맡길 수 있어라
어린애의 웃음소리와 어른의 눈물도 물려줄 수 있어라

죽은 여자도 몇 번이고 간통하는 더러운 전쟁이
풀밭 위의 아침이슬을 말리는 문명이
인류의 흐르는 맨발을 쩍밭뿐인
겨울안개 속 황량한 갯벌에 남겨둘망정
저 깊고 넓은 바다로도 덮을 수 없는 젊은이여
새들이 날아간 그대들 가슴벌판에
철학이며 사물事物이며 미美를 놓아도 좋으리라
그대들이 흘렸던 한 방울의 피는 하나의 문門이기에

그대들이 뛰어든 칼집 속은 결국은 광야이기에

젊은이는 어디에서나 술을 마신다
보스턴 항 북쪽에서도 아마존강 밀림에서도
하루살이 떼가 밀려든 서울의 주막집에서도
풍뎅이가 날으는 켈트족族의 상수리나무 숲에서도
헤겔과 싸우는 뮌헨의 가스등 아래서도
베이징의 어느 찌그러진 아편소굴에서도
뱃가죽으로 기어가는 애매모호한 에너지의
호지명胡志明루트에서도
늑대가 귀신처럼 달리는 시베리아 끝에서도
젊은이는 어떠한 진실과도 결혼한다
어떤 더럽고 더러운 진실과도 결혼한다.
끝에서도 항시 시원한 초원의 바람처럼 살아갈까
똥통 위에서 풀빵을 남몰래 씹어먹던
신병훈련소 시절처럼 삐쭉삐쭉 웃어볼까
풀빵이 뜨끈하게 들어간 뱃속을 긁으며 총구멍을 들여다 볼까
 안돼, 젊은이는 정신精神이다 꿈이다 무기는 오직 사랑뿐이다
 달려라 흙 한 줌 안 붙은 하늘엔 길은 하나이다.

아아 절망의 소용돌이여 절망의 보석이여
  피를 앞지르는 눈물이여 피를 앞질러 흐르는 눈물의 아름
다움이여
  현재 과거 미래가 함께 이끼 덮인
  눈 내리는 원시림 사방팔방으로 눈이 내리는
  멀고 먼 밤항구를 떠나간 원시림
  나무와 물소리와 치렁치렁한 바람마저
  태어나면서부터 미쳐버린 저 천만리 원시림
  젊은이는 푸른 짐승들을 어루만지면서
  그러나 눈에 묻히지 않는다
  잠들어 누운 밤에도 묻히지 않고
  바다와 바위를 후려친 주먹 속에 달팽이를 굴리기 시작한
다
  달팽이 달팽이 달팽이……

  젊은이 만세! 젊은이 만세!

해설

■ 김준태 시집 해설

고향의 의미

김치수 문학평론가(전, 이화여자대학교 불문과 교수)

김준태의 시를 읽으면 이상한 감동을 경험하게 된다. 그의 시에는 우리가 추억으로서 간직하고 있는 과거의 농촌의 삶이 가지고 있는 투박한 삶의 건실성과 우리가 일상적으로 '이게 사는 것이 아닌데'라고 생각하는 도시의 삶이 가지고 있는 세련된 삶의 허구성이 동시에 노출되고 있다. 그렇기 때문에 그의 시에는 무수한 대립의 이미지들이 뒤얽혀 있는데, 그렇다고 그것이 단순한 선악의 양분법을 가르치기 위한 것은 아니다. 그것은 오히려 삶의 진정한 의미를 발견하고자 하는 시인의 고통스런 자아탐구이면서 동시에 그 자아가 뿌리를 내릴 수 있는 현장의 탐구인 것이다. 그러한 탐구로서의 김준태의 시는 우리의 삶 속에 있는 원초적인 생명력에 바탕을 두고 있다.

누가 흘렸을까

막내딸을 찾아가는
다 쭈그러진 시골 할머니의
구멍 난 보따리에서
빠져 떨어졌을까

역전驛前 광장
아스팔트 위에

밟히며 뒹구는
파아란 콩알 하나

나는 그 엄청난 생명을 집어 들어
도회지 밖으로 나가

강 건너 밭 이랑에
깊숙이 깊숙이 심어 주었다
그때 사방팔방에서
저녁 노을이 나를 바라보고 있었다

　　　　　　　　　　　　　－「콩알 하나」

　이미 여기에서 드러나고 있는 것처럼 「콩알 하나」에 대한 시인의 애착이 '도회지 안 / 도회지 밖'이라는 두 가지 대립 개념을 낳으면서 '쭈그러진 시골 할머니'가 지니고 있는 '생명'으로서의 '콩알'을 인식하게 만든다. 그것은 도회지의 아스팔트에서는 생명이 없이 굴러다니고 밟히는 콩알이지만 '밭이랑'에서는 생명으로서의 엄청난 가치를 지니게 된다는 얼핏 보면 아주 단순한 사실의 확인일 수 있다. 이것은 물론 도시가 '콩알'의 소비적인 장소인 반면에 농촌이 그것의 생산적인 장소라는 대립적인 의미를 환기시키는 것일 수도 있을 것이다.

　그러나 중요한 것은 '나'가 콩알을 밭이랑에 심어 주었다는 행위에 있는 것이다. 그것은 말을 바꾸면 생명력을 지니고 있는 콩알을 생명으로서 되돌려 주는 행위이다. 이것은 콩알에도 생명력을 발휘할 수 있는 고향이 있고 따라서 시인은 콩알의 고향을 찾아주는 것이다.

　김준태의 첫 번째 시집 『참깨를 털면서』의 후기에는 '고향'과 '자연'에 대한 이야기로 일관되어 있다. '나의 고향은 나의 우주宇宙다. 나의 고향은 나의 교과서요, 바이블이요, 눈알이요, 망원렌즈요, 배꼽이요, 귓구멍이요, 속옷이요, 머슴이요, 스승이요, 보리밥이요. 천국이요, 개똥이요, 구정물통이다. 요컨대 나의 고향은 나의 모든 것이다. 나의 미래다'고 하는 이 시인의 고향은 시인 자신의 시 전체이며 삶 전체인 것이다.

　그것은 그의 두 번째 시집 『나는 하느님을 보았다』 전체를 지배하고 있는 주제이며 그 시를 쓰는 시인 자신의 삶 전체인 것이다. 첫 번째 시집의 후기에서 말하고 있는 시인의 고향은 시인의 과거와 현재와 미래라는 시간적(흔히 하는 말로는 역사적)인 의미를 갖고 있으며, 동시에 시인 자신의 삶을 결정 짓고 있는 시인의 공간적(혹은 상황적) 의미를 띠고 있고 나아가서는 시인의 정신(혹은 문화)을 지배하고 있는 거대한 힘을 가지고 있는 것이다. 그렇기 때문에 김준태에게 있어서는 '고향에 고향에 돌아와도 내 그리던 고향은 아니려뇨'와 같은 잃어버린 고향의 슬픔도 아니고, 기억 속에만 간직하고 있는 추억의 고향도 아니고, 비판과 찬양의 대상이 되는 객관적 고향도 아니며, 어느 지역에 한정되는 지역적인 고향도 아니다. 그것은 삶 전체로서의 고향이라는 점에서 다른 누구에게서도 볼 수 없는 독특한 고향이다.

　물론 그렇다고 해서 김준태의 시에 나오는 고향이 어느 특정한 지역을 말하지 않는 것은 아니다. 왜냐하면 그의 시 곳곳에서는 '나의 고향'이 '해남'이라는 것을 밝히고 있다.

> 광주에서
> 남쪽으로 삼백 리
> 내 고향 해남
>
> — 「추억에서」 1연

> 해남이라 동백꽃 내 고향
> 황소마저 팔아버린 마굿간
> 비좁은 둥근 양철 그릇 안에
> 할아버님을 앉혀드려 놓고
> 옛날 같은 뒷등을 밀어주었네
> 옛날 같은 앞가슴도 밀어주었네
>
> — 「할아버님 생각」 1연

여기에서 드러나는 '해남'이라는 특정 지역으로서의 고향은 시인의 개인적인 삶이 형성되었던 고향임에는 틀림없다. 그러나 이러한 특정한 지역으로서의 고향은 '할아버지야 / 할머니야 / 전쟁통에 자식 잃고 / 지금은 / 어디로 / 어디로 가셨나'라든가 '홍두깨로 휘감아 방망이로 두드린 무명베 바지 적삼을 여며 입고 / 한세월 지게 밑에 살아오신 / 할아버지의 뒷등을 밀어주면서'와 같은 그 다음 연을 읽게 되면 한국인이면 누구나 경험했던 역사적인 사건과 시골의 가난한 삶을 대변하는 보편적인 고향을 의미한다는 것을 알 수 있다.

이러한 보편적인 의미로서의 고향은 가령 한국 사회 전체와의 관련 아래서의 시골이라든가, 도시와의 관계 아래서의 시골로 인식되고 있다. 다시 말하면 옛날과 같은 폐쇄되고 보존되는 공간이 아니라 도시라든가 우리 사회라든가 하는 전체 공간으로부터 끊임없는 간섭을 받아 변화하는 공간이다.

> 보리꽃이 피면 가겠네
> 살구꽃이 피면 고향이여 가겠네
> 칼날 같은 기계 속에 팔려온 목숨이어도
> 노을의 저 불타는 입술에 속살을 부비고
> 억새풀 굳센 바람으로 가서 춤추겠네
> 메말라 터진 살덩이를 적시겠네
>
> 돌아간다는 것은 어쩌면 새로운 출발
> 고향이여 지금은 당당하게 돌아가겠네
> 썩은 고목 속에 집 짓는 검은 박쥐들을 쫓아내며
> 언덕마다 나무마다 흐르는 강물마다 가슴을 헹구며
> 산꿩이 푸드득 청천靑天 하늘로 날아오르듯
> 황톳길 들녘에서 다시 태어나겠네
>
> 앞산 뒷산에서 늑대가 울던 날 밤
> 연두콩알 같은 눈물이나 떨어뜨리고
> 말없이 이끌려 하룻밤에 멀리 죽어갔던
> 짚신이여 나막신이여 들기러기 떼여
> 뻘겋게 부서지는 흙덩이를 뒤에 두고
> 아아 원통하게 사라진 뜨거운 앞모습이여
> ―「기계속에서」 제1.3연

여기에서 볼 수 있는 고향이란 '보리꽃'과 '살구꽃'이 피는 자연의 목가적인 고향이다. 그러나 벌써 '보리꽃'이라는 표현에서 이미 우리의 '보릿고개'라는 가난의 역사가 상기 되고 있을 뿐만 아니라 '말없이 이끌려' '죽어갔던' 역사적 상처가 시인의 마음속에 '원통하다'는 한을 남겨놓은 고향임을 말해주고 있다. 돈을 벌기 위해 그러한 고향을 떠나 일터를 찾아 나온 사람에게 고향이란 일터가 있는 도회지와 대립되는 곳이다. 말하자면 고향을 떠나왔지만 그곳은 언제나 '돌아갈' 곳으로 나타나 있다.

  그렇다고 해서 고향이 이제는 자신을 편안하게 받아들일 곳은 아니다. 그곳은 '칼날 같은 기계속에서' 사는 사람에게는 '숙명'처럼 존재하는 것이고 그래서 '지금은 당당하게 돌아가겠네'라고 말하고 있는 것이다. 다시 말하면 고향을 떠나본 사람의 고향 재인식은 그래서 가능한 것이다. 그렇지만 그러한 고향이 편안을 보장해 주는 곳은 아니라는 것을 알고 있기 때문에 '억새풀 굳센 바람으로 가서 춤추겠'다고 말한다. 온갖 역사적인 비극에도 버티어 나가면서 자신의 되찾게 될 고향을 떠나지 않겠다는 강렬한 생명력을 '억새풀 굳센 바람'으로 표현하는 것이다. 이처럼 '굳센 바람으로 춤을' 추기 위해서는 아무리 고향을 떠나려 해도 떠날 수 없다는 삶의 비극적 인식을 숙명처럼 안고 있을 수밖에 없는 것이다.

  천 번을 돌아선들 오로지 하늘과 바람으로 씻겨지는 고향산천이여
  보리꽃이 피면 풋풋한 보리꽃에 묻혀서

살구꽃이 피면 연분홍 살구꽃에 묻혀서
한많은 오천년올 흙덩이로 울겠네
그 울음으로 다시 논밭을 가꾸고
그 울음으로 다시 들불을 이루겠네

- 「기계 속에서」 제4연

　말하자면 고향 땅에서 흙을 일구고 농사를 짓는 것이 5천년 역사의 한을 푸는 행위로 바뀜으로서 한국 사회 전체로 역사 전체로 확대되고 있다. 그것은 '돌아온 탕자'와 같은 행복한 귀환은 아니다. 그것은 '울음으로 다시 논밭을 가꾸고 / 그 울음으로 다시 들불을 이루'는 비극적인 귀환이다. 이러한 비극적 귀환의 대상으로서의 고향이 침략의 설움을 당한 한국의 역사로 확대되는 것은 '글안족이 뭉개고 일본의 어스름이 짓누르고 / 간밤의 도적놈이 살금살금 기어가던 흙에 / 배를 깔고서 / 쌀밥보다 미끈한 시를 쓴다'(「시작 詩作을 그렇게 하면 되나」)고 하는 첫 번째 시집 속의 한 구절에서 특히 드러나고 있다. 따라서 김준태에게 있어서는 고향이 도시와 가지고 있는 관계는 한국 사회가 역사 속에서 외국과 가졌던 관계로 나타나고 있다. 그래서 시인은 고향을 노래하면서 고향의 한 많은 삶과 현실올 함께 하는 시롤 생각하고 그러한 삶과 현실을 무엇보다도 강조하고 있다.

말을 꼬불려서 곧은 문장을 비틀어서
시작을 그렇게 하면 되나
참신하고 어쩌고 떠드는 서울의 친구야
무등산에 틀어박힌 나 먼저

애틀랜틱지誌나 포에트리지誌를 떠들어봐도
몇 년간을 눈알을 부라리고 찾아봐도
네 놈의 심장을 싸늘하게 감싸는
그럴듯한 시구는 없을 거다
네 놈의 아버지와 할아버지를 찢어서
죽인 어제는 없을 거다
남한과 북한이 동시에 부딪치던 소리는 없을 거다.
　　　　　　　　　　　－「시작詩作을 그렇게 하면 되나」

　6·25라고 하는 역사적 비극을 떠나서 우리의 현실이 존재할 수 없는 것처럼 이 시인에게 있어서는 고향을 떠나서 그의 시적인 현실이 존재할 수 없는 것이다. 그래서 이 시인의 시에서는 끊임없이 고향으로 돌아가는 것만이 문제가 되고 있는 것이 아니라, 고향의 모든 것과의 끊임없는 조화와 친화의 관계를 유지하고 있다. 그 조화와 친화의 관계는 근원적인 사랑으로 표현될 수 있는 것으로서 생명력을 가진 모든 것에 대한 것이다. 모든 사물들이 바로 고향의식을 일깨우고 그 사물들과 함께 있음으로 해서 '울음을 우는' 한을 지닐지라도 자신의 고향을 찾을 수 있는 것이다. 가령 「고향으로 달리는 차 속에서」라는 시에서 '롯데껌이나 해태껌을 씹으면서 / 쓰디쓴 지난 날을 잊어버'리는 도시적인 삶을 살다가 고향으로 돌아가는 차 속에서 '우리는 문득, 몸서리치며 바라본다 / 공동산 언덕 위에 날으는 도깨비불들을 / 도깨비불들의 소리 없는 비명과 아우성을!'이라고 하는 것은 수많은 죽음으로 점철된 우리의 역사를 고향을 떠나서는 잊은 것 같지만 우리의 내면 속에 언제나 잠재되어 있는 것이어서 그

비극을 떠올릴 수밖에 없다는 것이다. 이처럼 고향이 '비명과 아우성'으로 가득찬 역사를 가지고 있지만, 그 역사와 함께 살고 있는 사람에게는 모든 것을 사랑할 수 있다는 것을 알 수 있다.

도시에서
15년을 살다보니
달팽이
청개구리
딱정벌레
풀여치
이런 조그마한 것들이
더없이 그리워진다
조그만, 아주 조그마한 것들까지
사람으로 보여와서
날마다 나는
손톱을 매만져댄다
어느 날 문득
나도 모르게
혹은 무심하게
이런 조그마한 것들을
짓눌러 죽여버릴까 봐
날마다 나는
손톱을 깎으며
더욱 사람이 되자
더욱 더욱 사람이 되자
몇 번이고 마음속으로 외친다

오, 파랑새여 파랑새여……

― 「15년」

여기에서 '달팽이' '청개구리' '딱정벌레' '풀여치' 등은 흔히는 서정시에서 시인의 감정 표현의 도구로 사용되는 '자연'에 지나지 않는데, 이 시인에게 있어서는 고향의 핵심적인 구성 요소인 것이다. 그래서 '무심하게' '죽여버릴까 봐' 시인이 손톱을 깎는다고 하는 것은 시인 자신의 마음속에서 그것들이 사라지는 것을 죽임으로 표현하는 것이다. 15년 동안 도시에 살아오면서 시인 자신의 마음속에서 그 하찮은 것 같은 생명들을 잊게 되는 것은 고향을 잊는 것이며 따라서 고향을 죽이는 것이다. 그리고 고향을 잊는다는 것은 '사람이 되지' 않는다는 것을 의미한다. 그렇기 때문에 시인은 '더욱 사람이 되자 / 더욱 더욱 사람이 되자'고 마음속으로 외치는 것이다.

자연으로 표현되고 있는 시인의 고향은 「이 세상에서 사라지는 것은 하나도 없다」라든가 「달이뜨면 그대가 그리웠다」라든가 무수한 시편들에서 확대되고 있고 심화되고 있다. 그것은 고향의 작은 곤충들뿐만 아니라 산천초목에 이르기까지 모두 생명을 가진, 따라서 역사를 가진 것으로 인식되면서 그것이 곧 '사람'이 된다. 시인은 그러한 고향의 사물을 통해서 사람을 만나고 고향을 만나며 그 고향을 통해서 사람에 대한 사랑에 도달한다. 다시 말하면 사람에 대한 사랑 없이는 고향을 찾을 수 없고 '하느님'을 볼 수가 없는 것이다.

1980년 7월 31일 오후 5시
뭉게구름 위에 앉아 계시는
내게 충만되어 오신 하느님을
나는 광주의 신안동에서 보았다
그런 뒤로 가슴 터질 듯 부풀었고
세상 사람들 누구나가 좋아졌다
내 몸뚱이가 능금처럼 붉어지고
사람들이 이쁘고 환장하게 좋았다
이 숨길 수 없는 환희의 순간
세상 사람들 누구나를 보듬고
첫날밤처럼 씩씩거려 주고 싶어졌다
아아 나는 절망하지 않으련다
아아 나는 미워하거나 울어 버리거나
넋마저 놓고 헤매이지 않으련다
목숨이 붙어있는 것이라면 피라미
한 마리라도 소중히 여기련다
아아 나는 숨을 쉬는 것이라면 무엇이든지
사람이 만든 것이라면 하찮은 물건이라도
입 맞추고 입 맞추고 또 입 맞추고 살아가리라
사랑에 천 번 만 번 미치고 열두 번 둔갑하면서
이 세상 똥구멍까지 입 맞추리라
아아 나는 정말 하느님을 보았다

- 「나는 하느님을 보았다」

 이 시에서 볼 수 있는 것처럼 사랑에 도달한 그의 고향시들은 고향 안에서 고향의 한과 함께 사는 삶에 의미를 부여

하는 것들이다. 그래서 그의 시들은 논리적이라든가 이론적인 모든 것에 대해서 극도의 불신을 가지고 있으면서 경험적인 세계가 가지고 있는 원초적인 생명의 아름다움을 노래하는 것이다. 그것은 우리의 역사가 가지고 있는 비극성 자체를 경험적으로 인식하려는 시인 자신의 강력한 의지를 표현하는 것이다. 그렇기 때문에 그가 가령 「참깨를 털면서」에서 할머니의 지혜를 터득하는 것은 참깨 자체를 털 때 쏟아지는 깨알의 중요성보다 한을 털어내는 인고의 양식을 더 깊이 노래하는 것으로 드러난다.

한恨 풀이가 사랑에 도달하게 되는 김준태의 시는 그것이 가지고 있는 시적 언어의 특수한 배열과 리듬으로 인해서 그 강력한 생명력을 발휘하는 것처럼 보인다. 대단히 거친 것처럼 보이는 그의 시적 표현들은 언제나 두 개의 강렬한 이미지들이 맞부딪침으로 인해서 끊임없는 불꽃을 튀게 만들고 있고 그렇게 함으로써 우리의 잠든 의식에 충격을 가하고 있는 것이다. 그 충격은 우리 시가詩歌의 전통적인 가락 때문에 유장하면서도 깊은 감동을 경험하게 한다. 그리고 그것을 제대로 경험하기 위해서는 그의 장시인 「살풀이」와 「지리산 여자」를 읽는 것으로도 충분할 것이다.

김준태의 시에 나타나고 있는 서사시적인 요소는 그의 시가 우리의 삶의 고향을 되돌려 주는 강력한 이미지와 그 이미지를 이끌고 가는 전통적인 리듬으로 요약될 수 있을 것이다. 그가 사용하고 있는 이미지와 리듬은 우리의 삶 속에 있는 것들이 우리 자신의 의식意識의 자동화自動化 때문에 부재화不在化되고 있는 것들을 존재화 시키는 것이다. 그것은 우리가 삶에 대해서 새로운 감각으로 지각하지 못하고 있는 것을 지각하게 하는 것이다. 여기에서 지각하게 한다는 것은 우리로 하여금 그의 시를 읽는 순간에 소비해 버리게 한다는 것이 아니라 그 지각의 순간을 지연시킴으로써 그의 시를 생각하게 한다는 것이다. 그의 시를 읽고 생각함으로써 삶을 읽고 생각할 수 있는 것도 그 때문이다.「송장메뚜기」같은 시가 우리로 하여금 읽는 과정을 길게 하는 것, 그의 시가 쉬운 시가 아니라는 것을 말해준다. 그의 시가 어렵게 느껴질 때 우리는 삶의 어려움을 생각하는 것이다.

김준태 시인은

■ 김준태 시인은

시집
『나는 하나님을 보았다』로 본
김준태 시인

김윤환 시인(백석대 대학원 기독교문학 교수)

김준태 시인은 1980년대 문청들의 대표적 청년 사사(師司)였다. 민족의 정서, 민중의 한, 한민족의 역사에 더하여, 전통 운율은 물론 노동요의 애환도 함께 담아내는 한국 현대시의 방향을 제시하는 시인이었기 때문이다.

1980년 5월 광주의 현장을 사제처럼 신령과 진정으로 토해낸 「아아 광주여 우리나라의 십자가여」는 이미 한국 현대사의 상징이요, 현대시의 한 축이 되었다. 그랬던 김준태 시인이 1981년 12월 놀라운 시집을 출간하게 된다. 바로 제2시집 『나는 하느님을 보았다』라는 놀랍고 파격적인 시를 발표하고 다시 한번 시단과 세상에 충격을 던졌다.

표제시는 시인의 '엑스터시(ecstasy)'의 실체적 경험을 은유적으로 표현하지 않고, 구체적 문장으로 진술하여 당시 평단에서도 놀라움을 금치 못했다. 문학적 기교를 통한 문장이 아니라, 영적 체험과 역사적 체험을 분리하지 않고, 그대로 시로 옮겨진 것이다. 제2시집에 담긴 시들은 그야말로 민중과 함께 민중의 한을 풀어내는 시의 제사장 김준태 시인을 만날 수 있다.

시인은 내재된 하늘과 영육의 일체를 노래할 뿐 아니라, 시와 인간, 세계와 생명을 유기적 관계로 풀어낸 시집으로 문학사적 의미도 매우 크다. 자칫 사라질 뻔한 역사적 시집을 복간하게 된 것은 참으로 다행이고 기쁜 일이 아닐 수 없다. 시집 『나는 하느님을 보았다』는 제도적 종교의 관념을 넘어, 문학적 기교를 초월하는 생명시학의 중요한 단초가 되고 있음을 감히 밝혀둔다.

2024년 12월 1일

■ 김준태 金準泰 연보

1948.7.10. 전남 해남군 화산면 대지리 출생
1968.3.   조선대학교 사범대 독일어과 입학
1969.   전남일보·전남매일신문 신춘문예 당선
          같은 해 11월《시인》지로 한국문단에 나옴
1970.   군에 입대 베트남전쟁에 차출 참전
1976.   대학 졸업과 함께 외국어 고교교사 출발
1977.   제1시집 『참깨를 털면서』(창작과 비평사)
1980.6.2. "아아 광주여 우리나라의 십자가여" 발표
1981.   제2시집 『나는 하느님을 보았다』(한마당출판사)
1981.   전남문학상 수상
1983.   제3시집 『국밥과 희망』(풀빛출판사)
1983.   현대외국어학원(영어) 국제외국어학원(독일어) 강사
1985.   현산문학상(현산문화재단) 수상
1986.   제4시집 『불이냐 꽃이냐』(청사출판사)
          제5시집 『넋통일』(도서출판 전예원)

	문학평론집 『시인은 독수리처럼』(한마당)
1988.	제6시집 『아아 광주여 우리나라의 십자가여』(실천문학사)
	문학평론집 『5월과 문학』(남풍출판사)
1989.	제7시집(판화시집) 『오월에서 통일로』(빛고을 출판사)
1988.8~1997.12.	전남일보·광주매일 문화·경제부장 부국장
1989.	제8시집 『칼과 흙』(문학과 지성사)
1991.	제9시집(시선집) 『통일을 꿈꾸는 슬픈 색주가(色酒歌)』(미래사)
	수상집 『달이 뜨면 고향에 가겠네』(인동출판사)
	전남일보 특집기자 공저 『광주전남현대사 상·하』(실천문학사)
1992.	창작판소리 「무등진혼곡」(작곡 김광복 교수) 대본 발표
1994.	제10시집 『꽃이, 이제 지상과 하늘을』(창작과 비평사)
1995.	세계문학기행집 『슬픈 시인의 여행』(한양출판사)
	광주매일신문 기자 5명 공동집필 『정사正史 5·18』
1996.3~1999.2.	광주대학 문예창작과 (시. 한국문학) 초빙교수
1996.6.	《문예중앙》에 중편 「오르페우스는 죽지 않았다」 발표
1996년부터 3년간 광주 〈사랑방신문〉에 액자소설 88편 발표
1997.	문명비평집 『20세기 말末과 지역문화』(나남출판사)
1998.	민족문학작가회의 부이사장. 광주전남작가회의 회장
1999	제11시집 『지평선에 서서』(문학과 지성사)
	한국·세계명시해설집 『사랑의 변주』『사랑의 확인』(한마당)
	시전문지 《시의 나라》 제정 '자랑스런 시인상' 수상
1999.	오페라 대본 「장화왕후」(작곡 이철우 계명대 교수) 집필
2003~2018.	조선대 문창과·약대·의대(시, 외국문학) 초빙교수.
2001.8.15.~8.25.	6·15선언기념 평양통일축제 남측대표 참석
2004.	번역서 『그들이 가지고 다닌 것들』(한얼미디어)
2005.	허정 교수 힌두교 경전 《라마야나》 번역 보조
2006.	세계문학기행집 『세계문학의 거장을 만나다』(한얼미디어)
	(취재하면서 중국, 일본, 미국, 독일, 프랑스 등 200일 여행)

2007. 한국통일시 해설집 『백두산아 훨훨 날아라』(글누림)
       옛 소련 고려인 구전가요집 『재소고려인의 노래를 찾아서』
       상·하권(도서출판 화남)
2008. 「홍남순 변호사 평전」 2년에 걸친 집필 완료
2009. 『명노근 평전』(도서출판 심미안)
2011~2013. 5·18기념재단 이사장(제10대) 봉직
2013. 광주도심에 공부방 [김준태 금남로 리케이온Lykeion] 마련
2014. 제13시집 『밭詩』(도서출판 문학들)
       제14시집 『달팽이 뿔』(도서출판 푸른사상)
       제15시집 (영역시집) 『Gwangju, Cross of Our Nation』
       (아아 광주여 우리나라의 십자가여 : 영문번역 하바드대학
       영문과 교수 데이비드 R. 맥켄(David R.Macann) 외(한스
       미디어)
2018. 제16시집 『쌍둥이 할아버지의 노래』(b출판사)
       제17시집 『밭詩, 강낭콩』(도서출판 모악)
2019. 제18시집 한말의병전쟁시집 『심사 신동욱 선생 송가』(문학들)
2022. 제19시집(일본어) 『광주로 가는 길(光州へ行く道)』(나고야 후
       베) (한국어 번역 : 일본 간사이대학 졸업, 전남과학대 김정
       훈 교수)
2023. 유네스코 한국본부 제정 '평화메달상' 수상
2024. 제20시집(독일어) 『Gesang der Wasserspinnen』(물거미
       의 노래) (이우디치움IUDICIUM출판사) (보쿰대 양한주 교
       수, 시인 위르겐 반셰루스Jürgen Banscherus 공동번역)
2024(1999년부터) 《푸른사상》에 「김준태 시 70년 오디세이」 연재 중
2024.   시집 『나는 하느님을 보았다』 출간(도서출판 생명과문학)
2025. 봄. 새 시집(21번째 시집)과 액자소설집(99편) 펴낸다